U0543459

马克思主义经典

资本主义的
秘密

马克思拜物教批判理论研究

毛菲 ◎ 著

中国出版集团有限公司
研究出版社

图书在版编目 (CIP) 数据

资本主义的秘密 : 马克思拜物教批判理论研究 / 毛
菲著 . — 北京：研究出版社，2025. 8. — ISBN 978-7-
5199-1824-8

Ⅰ . A811.63；B933

中国国家版本馆 CIP 数据核字第 202571WF83 号

出　品　人：陈建军
出版统筹：丁　波
责任编辑：寇颖丹

资本主义的秘密

ZIBEN ZHUYI DE MIMI

马克思拜物教批判理论研究

毛　菲　著

研究出版社 出版发行

（100006　北京市东城区灯市口大街100号华腾商务楼）

北京建宏印刷有限公司印刷　新华书店经销

2025年8月第1版　2025年8月第1次印刷

开本：710毫米×1000毫米　1/16　印张：12.5

字数：180千字

ISBN 978-7-5199-1824-8　定价：65.00元

电话（010）64217619　64217652（发行部）

前言

　　拜物教批判是马克思"人体解剖"的重要环节，也是马克思哲学探索进入具体层面的重要表征，为破解人类历史自由之谜提供了验证和升华，历来是我们把握马克思主义理论的关键内容。借助拜物教批判，马克思站在历史唯物主义的理论高度，对资本主义生产关系物化性质的指认与批判，阐发了商品、货币、资本的实质是人与人的社会关系，并揭示出这种关系缘何必然以物的颠倒形式表现，由此构成理解马克思理论内核与思想实质的重要一环。

　　但是，围绕拜物教批判，如下问题有必要作进一步考察。第一，拜物教批判理论如何定性？它到底是社会存在还是社会意识？据此有必要基于《资本论》价值形式理论，借助价值形式运动的逻辑机理来界定其性质。第二，拜物教批判在马克思整体思想体系中的地位如何？事实上，该理论是早期马克思探索私有财产本质之谜的理论成果，故基于"马克思对私有财产之谜的探索"这一主线，加强生成史考察，阐释清楚拜物教理论的"源"与"流"，科学把握拜物教批判与马克思整体思想体系的关系才得以可能。第三，如何理解拜物教批判的当代效应？马克思拜物教批判内核是对资本主义生产方式的批判，对拜物教当代效应的考察亦应贯彻这一维度，着重考察资本拜物教形式的生产关系实质，为科学审视资本问题提供理论遵循。

首先，要系统把握马克思拜物教批判理论，有必要确立其思想发展进程中的文本路标。具体而言，应将其置于马克思对财产权的批判这一理论线索中，挖掘早期文本中的思想资源。这是因为，马克思早期思想的核心线索是马克思对私有财产本质之谜的探索，而拜物教批判理论恰恰就是早期马克思探索"私有财产本质之谜"的理论成果。由此，只有依循马克思探究私有财产本质之谜的线索、考察早期文本，才得以沿着拜物教批判理论的问题意识，凸显马克思究竟在何种意义提出拜物教问题，知其然也知其所以然，从而实现对拜物教批判理论的系统解读，廓清其对马克思思想整体的意义。

具体来看，拜物教理论形成过程中主要文本路标如下：马克思基于对私有财产"物的谜团"的困惑，以对财产权的批判为核心线索，经由《论犹太人问题》《1844年经济学哲学手稿》《穆勒评注》《1857—1858年经济学手稿》《资本论》等文本，通过"宗教异化批判—财产异化批判—劳动异化批判—货币异化批判—资本主义生产方式批判—拜物教批判"的逻辑线索，对私有财产展开持续探究与批判，最终拨开了私有财产的"物"的神秘面纱，揭示了资本主义生产方式之下的私有财产的实质并不是"物"，而是表现为物化形式的人与人的生产关系，由此确立科学的拜物教批判理论。

其次，马克思拜物教批判的理论性质包含两重维度，即对"颠倒的世界"与"错位的观念"的二重批判。第一重维度是对资本主义生产关系的客观物化性质的揭示。这是马克思批判资本主义生产方式的一把"此岸的钥匙"，它构成马克思政治经济学研究中的一大显性逻辑。马克思依据商品—货币—资本这一逻辑进路，剖析和批判了资本主义生产方式导致的商品拜物教、货币拜物教、资本拜物教，从而指出，拜物教物化性质是人类劳动方式发展到一定历史阶段的客观形式特征。由此，拜物教批判便不再仅仅是对追逐财富的简单批判，也不仅仅是对资本主义社会的现象描绘，而是对资本主义生产方式的客观物化性质的揭示，即：在资本主义生产方式下，人的关系必然被表现为商品、货币、资本等物的关系，最终物成为主体，而物的关系遮蔽并支配了人的关系。第二重维度是对作为观念上层建筑的错误拜物教观念的批判。若不能理解资本主义生产方式的客观的物化性质，而被商品、货币、资本等"物"的表面所迷惑，便会导致主观的错误拜物教观念，主要表现为资产阶级经济学家的商品、货币、资本观。马克思对上述错误观念进行根本批判，揭示其错误的根源在于方法论的错误，从而在批判中体现出历史唯物主义的科学力量。

从上述对拜物教批判双重维度的剖析可知，与通常将拜物教批判简单等同于"拜金主义""消费异化"等概念或将其理解为对"物"的崇拜不同，马克思的拜物教批判理论通过对"颠倒的世界"与"错位的观念"的二重批判，不仅说明"资本的实质不是物，而是一种社会关系"，更剖析了这一关系在资本主义社会如何必然以颠倒的形式反映出来，并以此为基础，彻底批判了资产阶级错误拜物教观念的颠倒性、抽象性、虚假性，以及揭露出导致这些错误观念的根源在于知性独断方法论，继而确立科学的唯物辩证法，并将辩证法贯彻到资本主义生产方式之中，最终实现对资本主义生产方式的釜底抽薪式的全面批判。

再次，马克思之后，学界对拜物教理论进行再诠释，并尝试发展这一理论。主要研究路径有两条：人本主义路径和价值形式路径。人本主义路径是西方左翼学者基于新的历史变化、阐发拜物教在现代社会的新特点，发展了拜物教批判理论。但与此同时，囿于其未能深入资本主义社会关系的内在结构，终究沦为人本主义的空洞呐喊。价值形式路径则基于"二重化"概念来审视价值形式辩证法，这一路径剖析了价值形式和拜物教的关系问题，这符合马克思拜物教批判的核心方法论。但价值形式理论止步于货币逻辑，而忽略了拜物教批判理论贯穿马克思整个政治经济学批判，且必须在"三位一体"公式才能被彻底理解，由此将拜物教批判割裂于《资本论》整体逻辑，批判最终缺失了历史的维度。

最后，一方面，经过"商品—货币—资本—金融资本"这一逻辑发展链条，拜物教将在金融资本形式上发展为其最高形式，即金融资本拜物教，故对拜物教批判理论的发展需深入对金融资本拜物教的批判。金融资本自身具有逻辑悖论，其既能促进生产力发展，又对生产力具有阻碍作用，这种逻辑悖论将导致自身走向衰亡。与金融资本的消亡相对应，金融资本拜物教亦将消失。通过考察金融资本拜物教的内在机理，并尝试提出遏制其加剧的思路，有助于科学把握商品、货币、资本、金融资本的本质。对社会主义市场经济条件下为资本设置红绿灯、规范和引导资本发展等问题提供基本遵循。

目录

第一章

绪　论

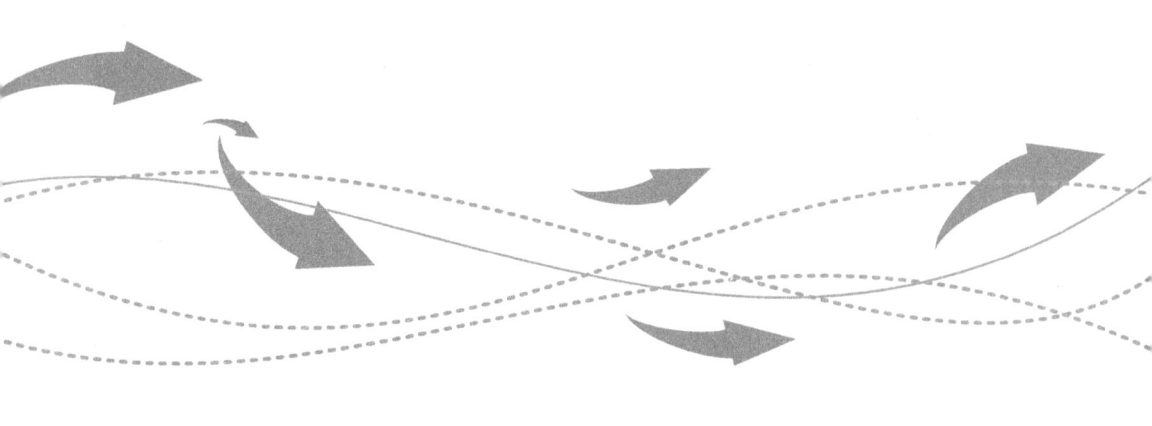

第一节　马克思拜物教批判理论的背景与缘起

一、马克思拜物教批判理论的背景

拜物教批判理论是马克思进行资本主义社会批判的重要理论之一，对于拜物教理论在马克思思想体系中的地位，众多学者都曾予以高度评价。如卢卡奇就曾认为，《资本论》中对商品拜物教性质的剖析，本质上是"对全部历史唯物主义的阐发，它事实上也正是对资本主义社会的认识"①。苏联经济学家伊萨克·伊里奇·鲁宾（Isaak Illich Rubin）则认为，"拜物教理论本质上囊括了马克思全部经济学体系的内核"②。在马克思主义经济人类学代表人物戈德利尔看来，马克思通过对商品、货币、资本等的分析，"剖析了那些被资本主义生产方式中颠倒的各种事实，从而阐明了带有虚幻性的社会关系，这正是马克思的伟大之处"③。马克思通过拜物教批判理论，揭示了资本主义生产关系颠倒的形式，并将这种形式颠倒回来，实现了对资本主义社会的全面批判。对此，列宁指出，"凡是资产阶级经济学家看到物与物之间的关系的地方（商品交换商品），马克思都揭示了人与人之间的关系"④。可见，拜物教批判理论是理解马克思资本主义批判的重要理论资源。

从现实层面而言，对拜物教批判的中国实践进行学理阐释亦迫在眉睫。2022年4月29日，中共中央政治局就依法规范和引导我国资本健康发展进行第三十八次集体学习，习近平总书记发表重要讲话强调："在社会

---

① ［匈］卢卡奇：《历史与阶级意识》，商务印书馆2017年版，第263页。
② Isaak I. Rubin, *Essays on Marx's theory of value*, New York: Black Rose Books, 1972, p. 5.
③ 栗本慎一郎：《经济人类学》，王名等译，商务印书馆1997年版，第23页。
④ 《列宁选集》第2卷，人民出版社2012年版，第312页。

主义市场经济条件下规范和引导资本发展，既是一个重大经济问题、也是一个重大政治问题，既是一个重大实践问题、也是一个重大理论问题。"[①]认识资本的特性和行为规律、克服资本弊端从而引导其在社会主义市场经济中发挥正面作用，是新时代马克思主义政治经济学必须面对的新课题，有助于"对社会主义条件下存在并需要大力发展的私人资本及按资分配的收入的属性作出正确的价值判断"[②]。从根本来说，资本本质上是资本主义生产关系的物化表现，"政治经济学研究的不是物，而是人与人之间的关系，归根结底是阶级与阶级之间的关系（物质交往关系）；可是这些关系总是和物结合着，并且作为物出现"[③]。这意味着，要科学认识资本本性，就是要揭示出资本"物"外观之下掩盖的资本主义生产关系的实质——这便是马克思资本拜物教批判的思想内核。鉴于此，有必要依循《资本论》的逻辑，考察马克思拜物教批判理论，以探究资本本性，为科学对待社会主义市场经济中的资本属性、行为及对其行为的监管问题提供理论启示。

可见，从理论和现实维度研究拜物教批判理论的重要性不言而喻。但与之相对应，学界对如下问题持续多年讨论，却依然莫衷一是。第一，拜物教批判理论如何定性？它到底是社会存在还是社会意识？据此有必要基于《资本论》价值形式理论，借助价值形式运动的逻辑机理来界定其性质。第二，拜物教批判在马克思整体思想体系中的地位如何？事实上，该理论是早期马克思探索私有财产本质之谜的理论成果，故基于"马克思对私有财产之谜的探索"这一主线，加强生成史考察，阐释清楚拜物教理论的"源"与"流"，科学把握拜物教批判与马克思整体思想体系的关系才得以可能。第三，如何理解拜物教批判的当代效应？马克思拜物教批判内

---

① 《依法规范和引导我国资本健康发展　发挥资本作为重要生产要素的积极作用》，《人民日报》，2022年5月1日，第2版。

② 洪银兴：《社会主义条件下的私人资本及其收入的属性——马克思资本理论的现代应用》，《中国社会科学》2002年第4期。

③ 《马克思恩格斯选集》（第2卷），人民出版社2012年版，第14—15页。

核是对资本主义生产方式的批判，对拜物教当代效应的考察亦应贯彻这一维度，着重考察资本拜物教形式的生产关系实质，为科学审视资本问题提供理论遵循。

综上，结合目前国内外对拜物教批判理论的研究情况和社会主义市场经济实践，有必要立足于马克思的经典文本，就马克思拜物教批判的历史源流、理论逻辑、理论再阐释与发展以及现实启示展开讨论，以全面理解马克思拜物教批判理论的内涵，从而为进一步准确理解和有力批判当代资本主义奠定基础，也为合理把握社会主义市场经济中的资本问题提供启迪。

二、马克思拜物教批判研究的理论与现实指向

总体而言，一方面，依循马克思探索财产权本质之谜的线索，对拜物教理论展开生成史研究，揭示拜物教批判的唯物史观意蕴；另一方面，为科学认识社会主义市场经济引导商品、货币、资本关系健康发展、对"颠倒世界"与"错位观念"拜物教双重超越提供理论遵循。

具体来说，一方面，从理论维度而言，部分观点把拜物教与拜金主义等概念等同，从而导致前者被矮化和庸俗化，其根源是未基于历史唯物主义框架理解拜物教问题，导致对拜物教批判未形成整体性理解。事实上，马克思探索"财产权本质之谜"是拜物教批判的问题意识，亦是历史唯物主义的创立过程，拜物教批判理论则是马克思对私有财产本质之谜的科学解答。本书尝试结合二者，对拜物教理论展开生成史研究，澄清拜物教批判与早期思想的关联，继而对其形成整体性理解，深化对拜物教与唯物史观关系的认识，为把握当代中国拜物教问题提供方法论基础。另一方面，从实践维度而言，有必要基于历史唯物主义方法论，考察社会主义市场经济如何在合理范围内科学利用商品、货币、资本关系，并扬弃错误的商品、货币、资本价值观，由此实现对"颠倒世界"的再次倒转，以及对

"错位"观念重新"正位"。

1. 揭示商品、货币、资本实质，解开拜物教之"物"的神秘性

研究马克思拜物教批判理论，将透过"物"的外在形式，根本地理解资本主义下物化的社会生产方式的本质。从对马克思拜物教思想的研究可知，商品、货币、资本是特定历史阶段的人类劳动方式所客观产生的中介，换言之，并不是商品、货币、资本带来了一切，反倒应该说是这一切产生了它们，由此，便能够彻底破除商品、货币、资本的神秘性，让人们不再对商品、货币、资本陷入盲目崇拜，不再被日常生活模式营造出的幻象所迷惑并受其控制，从而引导人们科学地认识商品、货币、资本的本质，树立辩证商品、货币、资本观，自觉抵制商品、货币、资本拜物教观念对人们经济观念的侵蚀，并最终从物化结构内部打破其自身藩篱，使拜物教消失。故本书将首先阐发商品、货币、资本的实质，从而解开拜物教之"物"的神秘性。

2. 揭露资产阶级政治经济学对商品、货币、资本的错误认识

作为剖析资本主义社会最重要的理论成果之一，马克思拜物教批判理论有助于揭露资产阶级政治经济学对商品、货币、资本本质的错误认识，增强马克思主义经济理论的说服力和批判力。

资产阶级经济学将商品、货币、资本理解为非历史性的"物"，从而导致了对资本主义生产方式的错认。对此，马克思批判地指出，"政治经济学从来没有提出过这样的问题：为什么这一内容要采取这种形式？即他们没有发现让价值成为交换价值的价值形式，而这一形式在亚当·斯密和大卫·李嘉图看来，只是存在于商品本性之外的东西"①。这样一来，当资产阶级经济学家把资本主义生产方式"错认"为一种社会生产的永恒形式，从而忽略了价值形式的特殊性，就将进一步导致忽略商品形式、货币

---

① 《资本论》（第一卷），人民出版社 2004 年版，第 98—99 页。

形式、资本形式等价值形式的发展形态，最终把本来具有其历史性质的东西"错认"为具有"不言而喻的自然必然性"的东西。概言之，资产阶级经济学家们错认的根源，就在于他们不能清楚区分生产的物质内容与社会形式，无法区分哪些是作为"物"的自然属性，哪些是物在社会关系中获得的社会属性，特别是无法透视"劳动的社会规定所具有的物的外观"，由此错误地认识了商品、货币、资本的本质。

本书将深入剖析拜物教批判理论，阐发商品、货币、资本等"物"的外表下其实质是一种生产关系，从而揭示上述资产阶级经济学家观点的局限之处。

3. 厘清拜物教批判理论是对拜物教性质和拜物教观念批判的统一

学界不乏观点认为，拜物教是一种社会意识，它表示人们的一种主观错认。如河上肇先生在分析商品拜物教时认为："商品生产社会的拜物教是反映其社会存在的社会意识"[①]，而究其原因，则是"客观地存在于他们头脑之外的、他们的社会关系的特殊性"[②]。或有学者将商品拜物教解释为"人跪倒在自己的劳动产品——商品面前而成为商品的膜拜者"[③]，从而认为商品拜物教就是人对商品的狂热迷恋和极度崇拜。

若能对拜物教批判理论进行深入剖析和准确解读，便能进一步科学审视上述"社会意识说"，从而认识拜物教批判理论本质上是对拜物教性质和拜物教观念批判的统一。具体来说，商品、货币、资本的拜物教性质并非纯粹的幻想，它们是马克思深入资本主义生产关系、对一定历史阶段下"资本主义生产关系必然表现为物与物"这一客观的物化特性的根本揭示，是对资本主义生产方式的一种'真实的'意识"[④]，因而是对资本主义生产

---

① ［日］河上肇：《"资本论"入门》（上册），仲民译，生活·读书·新知三联书店 1959 年版，第 236 页。
② ［日］河上肇：《"资本论"入门》（上册），仲民译，生活·读书·新知三联书店 1959 年版，第 246 页。
③ 仰海峰：《商品拜物教：从日常生活到形而上学》，《马克思主义与现实》2014 年第 2 期。
④ 苗贵山：《马克思"拜物教"批判思想研究》，《中国特色社会主义研究》2010 年第 6 期。

关系本质的深刻洞悉。而在此基础上产生了作为社会意识的拜物教，它"指向资产阶级经济学家们的拜物教观念"①，表明商品生产的"客观物性特征"在一部分人的头脑中歪曲成对于商品的错误认识。质言之，正如有学者所指出的那样，"上述对拜物教进行社会意识层面的解读，是千百次的日常生活实践而使得物化观念沉淀于心的结果"②，因此，这种错认是一种必然——"从这种颠倒的关系出发……，也必然产生出相应的颠倒的观念，即歪曲的意识"③，马克思拜物教批判理论是对拜物教性质和拜物教观念批判的统一。

清晰指认和区分对拜物教性质的揭示和拜物教观念的批判具有重要的理论意义。正如有学者所指出的那样，商品拜物教的性质究竟是一种社会存在还是社会意识，这不是一个细枝末节的问题，它根本地关系到"能否真正深刻地理解资本主义生产关系本身，以及从其本质所表现出来的具体表现形式"④。事实上，作为社会存在的商品拜物教是马克思剖析资本主义社会生产方式的重要理论成果。对此，卢卡奇直言"隐含着全部历史唯物主义，隐含着无产阶级的全部自我认识，也就是对资本主义社会的认识（和对以前的社会的认识，以前的社会都是通向这一社会的阶梯）"⑤，尽管把拜物教等同于"隐含了全部历史唯物主义"的理论有可待商榷之处，但不可否认该观点一定程度上揭示了马克思批判社会存在意义的拜物教的理论价值。马克思主义经济人类学代表人物戈德利尔也指出，马克思的伟大之处就在于"真实地再现出资本主义生产方式必然被颠倒地表现这一事

① 刘召峰:《马克思拜物教批判的三重指向与历史性自觉》,《马克思主义研究》2019年第4期。
② 仰海峰:《马克思的货币哲学》,《吉林大学社会科学学报》2018年第5期。
③ 薛志贤:《"商品拜物教"揭示的是社会生产关系还是社会意识?》,《教学与研究》1982年第1期。
④ 薛志贤:《"商品拜物教"揭示的是社会生产关系还是社会意识?》,《教学与研究》1982年第1期。
⑤ [匈]卢卡奇:《历史与阶级意识》,商务印书馆2017年版,第263页。

实，而这种颠倒性则体现出了社会关系的虚幻性"[1]。由此一来，若仅将拜物教理论理解为对商品、货币、资本世界一种观念层面的迷恋和崇拜，便并未深入马克思的批判内核，即未能深入马克思对拜物教性质的揭示，这是对马克思揭露和批判资本主义生产方式的简单解读。质言之，任何浅尝辄止的解读都将会对马克思主义理论的解释力和说服力造成影响，由此，必须对作为社会存在拜物教的批判和主观拜物教观念二者进行科学认识和准确区分。

4. 回应几种解读马克思拜物教批判理论的观点

对马克思拜物教批判理论的解读形成了不同观点，如认为拜物教已经过时而需要被"符号拜物教批判"取代的"拜物教过时"论，又如认为拜物教批判就是拜金主义批判、享乐主义批判等，不一而足。准确理解马克思拜物教批判理论的内涵，可以对上述观点进行再审视，为深入理解和进一步发展拜物教批判理论提供理论资源。

首先需对"拜物教批判理论过时论"进行评析。当代西方马克思主义批判理论代表人物鲍德里亚认为，商品拜物教是马克思所生活时代的社会意识，而随着消费社会的来临与媒介在消费社会中的引导作用，当代拜物教已经把社会体系中的特权和差异变成了符号价值，而这一符号价值最终成为现代社会中消费者的崇拜对象，由此使得对符号的崇拜替代了对物的崇拜，因此必须要意识到"拜物教是资本主义社会的一种客观体系结构，由此才得以真正超越资本主义社会"[2]。概言之，鲍德里亚的观点认为只有让拜物教批判从对生产逻辑的批判转变为对符号逻辑的批判，即商品拜物教应该被符号拜物教所取代，才能打破符号统治一切的状态。

对马克思拜物教批判理论的剖析，有助于合理审视鲍德里亚的观点。

---

[1] ［日］栗本慎一郎:《经济人类学》，王名等译，商务印书馆1997年版，第23页。
[2] ［法］鲍德里亚:《符号政治经济学批判》，夏莹译，南京大学出版社2009年版，第75—76页。

马克思的拜物教理论深入到生产关系层面，"穿透了种种意识形态和社会现象、进到生产关系的深度，分析了内容与形式，以辩证的方法在根源处把握住了现代社会的症结"①，透彻地剖析了资本主义社会，抓住了其生产方式的矛盾根源。相比之下，鲍德里亚并未能从根本上剖析和理解资本主义社会生产方式中的体系性结构的矛盾，从而其符号拜物教批判对资本主义生产方式的揭示和批判并未达到马克思的高度。因此，对马克思拜物教批判理论的解读为审视鲍德里亚的符号拜物教批判确立了思想坐标，从而得以科学审视其观点并得出结论：鲍德里亚的"商品拜物教过时论"并不能成立。

对马克思拜物教批判理论的深入阐发，还能够科学审视将拜物教批判解读为拜金主义批判、消费主义批判、对商品货币资本的迷恋等观点，以及对诸如"论文拜物教""高校项目拜物教""人参拜物教"等拜物教概念的"衍生品"进行审视。对马克思拜物教批判理论的剖析将表明，上述对拜物教理论的"发挥"是对拜物教批判理论的误解。具体而言，马克思拜物教批判理论是运用历史唯物主义方法论深入到对资本主义生产关系本质的揭露和批判。这样一来，如果仅将拜物教理论理解为人们对商品、货币和资本的迷恋崇拜，或基于字面意思衍生出五花八门的"拜物教"，是对马克思通过拜物教批判揭露资本主义生产方式本质这一根本用意的误读，而这将严重削弱马克思批判理论的批判力和说服力。概言之，科学认识马克思拜物教批判理论的实质，能够有力回应上述对拜物教理论的认识局限，从而彻底凸显马克思历史唯物主义方法论的价值。

5. 认识拜物教的最高发展形式，对遏制和消除拜物教的前景进行展望

对马克思拜物教理论的研究，还有助于依循马克思批判的逻辑主线和

---

① 项荣建、王峰明：《马克思对商品拜物教的批判及其当代启示——对〈商品的拜物教性质及其秘密〉的文本学再解读》，《学习与探索》2016 年第 8 期。

核心方法论来认识和阐发拜物教的最高发展形式，以对拜物教的遏制和消除进行前景展望。作为一种历史性的社会关系的承载物，资本通过商品—货币—资本的逻辑发展环节将发展为其最高形式——金融资本，随之出现的金融资本拜物教也就成为拜物教的最高发展形式。由此，回溯金融资本的形成过程，阐发金融资本拜物教的表现形式，以探索金融资本拜物教的遏制和消除的途径，从而为根本上摆脱人对物的依赖阶段、最终彻底消灭拜物教提供理论启示。

第二节　拜物教批判理论的功能与价值

一、国外拜物教批判理论功能与价值研究概览

目前国外学界对拜物教理论的研究主要包括拜物教概念的内涵研究、拜物教批判理论的阐释路径研究等主题。

（一）"拜物教"概念研究

"拜物教"（Fetishism）一词有着较为复杂的历史渊源，在不同的学科领域和不同知识谱系下，又具有不同内涵，故拜物教理论研究的一大领域是对其概念的研究。具体而言，拜物教理论覆盖的领域包括：宗教人类学视角的拜物教、马克思主义政治经济学视角的拜物教、西方马克思主义进行资本主义意识形态批判角度的拜物教，以及精神分析学视角的拜物教等。[①]

由宇野弘藏等 60 余名马克思主义学者联合编纂的世界上第一部注释

[①]　吴茜：《西方拜物教批判理论的源流、谱系与潜能》，《国外社会科学前沿》2019 年第 3 期。

《资本论》的辞书——《资本论辞典》中专门设置了拜物教词条，该词条将拜物教解释为马克思为阐明商品经济特殊的神秘颠倒性而使用的词，其内涵是指"劳动产品在取得商品形式的同时所得到的（价值）性质，虽不是自身具有的，但它却使人幻想为物体所具有的性质"①。

汤姆·博托莫尔、G. A. 科恩、N. 杰拉斯等学者详尽地梳理了马克思拜物教批判理论。在汤姆·博托莫尔等编写的《马克思主义思想辞典》中设有"拜物教"和"商品拜物教"词条，该书认为，拜物教是资本主义社会中"在物质的东西具有某些由占优势的社会关系赋予它们的特性，并表现出这些特性似乎生来就是属于它们自己的综合性的特征，提出商品拜物教是拜物教的基本形式"②。

分析学派马克思主义代表人物科恩在其论著《卡尔·马克思的历史理论——一种辩护》一书中，用两章篇幅专门阐释了拜物教问题。在书中，科恩借助"交换价值"概念来解读商品拜物教概念，认为其内涵包括五方面内容，概括而言是指"人的劳动物品采取了交换价值的形式，但其交换价值不是天然形成，而是特定社会形态所特有的"③。

日本马克思主义学者河上肇认为拜物教是一种社会意识，表明人们的主观错认。在河上肇看来，商品生产社会的拜物教是一种社会意识，究其形成根源，则是"人们头脑之外的特殊的社会关系"④。

（二）拜物教理论的两种阐释路径

国外对拜物教批判理论的解析和阐释路径主要有两条，分别为人本主

①　［日］久留间鲛造等：《资本论辞典》，薛敬孝等译，南开大学出版社1989年版，第1—8页。
②　［英］汤姆·博托莫尔主编：《马克思主义思想辞典》，陈叔平等译，河南人民出版社1994年版，第199页。
③　［英］大卫·科恩：《卡尔·马克思的历史理论——一种辩护》，高等教育出版社2008年版，第34页。
④　［日］河上肇：《"资本论"入门》（上册），仲民译，生活·读书·新知三联书店1959年版，第236页。

义路径与价值形式路径。前者以卢卡奇的物化理论为代表，其特点在于：未从《资本论》文本的具体语境出发解读马克思的拜物教批判，而是借用外在的理论资源进行概念诠释，并试图打破拜物教揭示的那种客观物化结构。这一解读路径对其之后的拜物教研究走向产生了很大的影响。国外对马克思拜物教理论的另一阐发路径是价值形式路径，这一路径通过研究拜物教批判与价值形式辩证法的关系来再阐释拜物教批判理论的实质，它始自 20 世纪 20 年代后期的苏联学界，目前以德国新马克思阅读运动先驱巴克豪斯的价值形式辩证法理论为代表。

1. 人本主义路径

（1）卢卡奇：拜物教的物化解释

拜物教批判理论的人本主义解读路径开创者是卢卡奇，他对拜物教概念进行了"物化"涵义的解读。在《历史与阶级意识》一书中，卢卡奇借用马克思的商品拜物教理论来表述自己的物化概念，他认为，商品拜物教现象是现代人的物化现象，它使商品结构中物的关系掩盖了人的关系，或者说它使人的关系变成了一种物的关系，由此卢卡奇指出物化的实质是劳动变成了一种客观的东西，变成了"背离了人自身的自律力而控制了人的东西"。[①] 概言之，卢卡奇基于生产力视角，对拜物教概念中的"物"背后所反映的人与人关系的实质进行了揭示和批判。

（2）德波：景观拜物教批判

西方马克思主义学者德波提出景观拜物教，并认为它是商品拜物教原则的完全实现，从而应该以前者取代后者。

德波首先指出，现代社会下人的生存实在只能是一种"伪本体论"——主体生活在商品、广告、景观、奇观制造的幻觉的社会中。这个社会是由"伪事件、伪历史、伪文化"构成的世界，它不是产自一种变化的、矛盾

---

① ［匈］卢卡奇：《历史与阶级意识》，商务印书馆 2017 年版，第 89 页。

的、真实经历的事件、文化、思想，而是产自编码规则要素及媒体技术操作的赝象。

随后德波提出"景观社会"概念。景观的实质是一种统治策略，它的产生根源在于，随着资本主义生存条件下产品的加速更新，资本主义进入丰裕社会，资本再生产寻求到一种新的统治，这就是景观。景观作为一种表象，其"语言由主导生产体系的符号（signs）所组成"[①]，是"以影像为媒介的人们之间的社会联系"，一切社会存在都必须以景观方式才能存在，质言之，景观是社会存在的承载物。

基于对景观内涵的剖析，德波指出景观社会是商品拜物教原则的完全实现，因此商品拜物教应被景观拜物教取而代之。德波看来，景观已经成为资本主义社会起主导作用的生活模式，具体而言，"生活本身展现为景观的庞大堆聚。直接存在的一切全都转化为一个表象"[②]。据此，德波通过运用一套符号化的语言来说明、标识、阐释商品表象，以表明景观拜物教已经将商品拜物教取代了。可见，"德波的情境主义国际所要完成的任务，是要彻底批判和透视景观拜物教，消除资产阶级在日常生活小事情中的奴役和支配。这种革命建立在非物性的场境格式塔转换上，它微观到生活里瞬间发生的存在氛围——诗意的情境。"[③]

（3）鲍德里亚：符号拜物教批判

著名西方马克思主义学者鲍德里亚延续并拓展了德波景观社会批判的逻辑：他把景观符号化扩展到从文化到环境的其他方面，并提出符号拜物教批判。

鲍德里亚指出，马克思思考的是生产，但却没有考虑到"耗费、浪

---

① ［法］居伊·德波：《景观社会》，王昭凤译，南京大学出版社 2007 年版，第 4 页。

② ［法］居伊·德波：《景观社会》，王昭凤译，南京大学出版社 2007 年版，第 3 页。

③ 张一兵：《建构情境：反对景观拜物教的激进思想革命——情境主义国际思潮研究》，《哲学研究》2020 年第 11 期。

费、牺牲、挥霍、游戏和象征主义"等被符码化的新的"物"。① 在鲍德里亚看来，消费社会，时尚、身体等元素都应被纳入到符号逻辑中，符号的差异性生产才是社会的真实机制，资本主义社会中的主体陷入虚假的、差异性的、被符码化、体系化了的物当中。因此，鲍德里亚提出符号拜物教，表示拜物教本质上是对符码的迷恋，而这种迷恋控制了物和主体；进而拜物教批判必须从生产逻辑批判走向符号逻辑批判，才能打破资本主义消费社会中符号统治一切的状态。

（4）齐泽克与柄谷行人：拜物教的拉康式解读

齐泽克与柄谷行人对拜物教问题进行了拉康式解读。齐泽克尝试运用拉康的精神分析理论来阐释商品拜物教问题。在《意识形态的崇高客体》一书中，齐泽克首先提出，在商品交换形式中会产生出一种"无意识"，这一商品交换的"无意识"支配了资本主义社会中人们的日常生活，并深入到人们的意识中，它由此构成资本主义社会日常生活的逻辑。

齐泽克随后将拜物教的重要环节即价值形式问题同弗洛伊德对梦的形式的分析联系起来，分析了商品拜物教的具体形成过程，并指出价值形式本质上是"无法解决现实世界矛盾而引发的一种症候"②。齐泽克指出，资本主义社会的确立，使得物与物之间的关系成为"社会关系本质的'浮现点'"③，而拜物教理论有如下三点表现："第一是人与人之间的拜物，第二是商品拜物教，第三是拜物教物质化的消失"④。

日本马克思主义学者柄谷行人也对拜物教问题进行了拉康式解读。柄谷行人在《马克思，其可能性的中心》和《跨越性批判》两部著作中，他借助于倒错（perversion）机制来构建其拜物教理论。柄谷行人认为，在弗

---

① ［法］鲍德里亚：《生产之镜》，仰海峰译，中央编译出版社 2005 年版，第 24 页。
② 李乾坤：《对〈资本论〉价值形式理论的三种哲学阐释》，《江西社会科学》2019 年第 2 期。
③ ［斯］齐泽克：《意识形态的崇高客体》，中央编译出版社 2002 年版，第 36 页。
④ ［斯］齐泽克：《意识形态的崇高客体》，中央编译出版社 2002 年版，第 109 页。

洛伊德等许多精神分析理论家那里，拜物教是"与倒错密切相关的"[1]。基于此，柄谷行人运用精神分析理论中的倒错机制，阐释了价值形式理论的展开、货币产生的必然性以及货币拜物教的形成等问题，从精神分析角度重释了拜物教理论。

（5）本雅明：奇观式拜物教

瓦尔特·本雅明（Walter Benjamin）从资本主义奇观化的生产机制这一角度来解释拜物教理论。本雅明指出，巴黎街市琳琅满目就是一个奇观化的生产机器——商店橱窗琳琅满目，这引诱人们驻足凝视，陈列的商品和消费者便建构起一种视觉关系，这使得主体堕入拜物教幻象的摆布和控制中。由此，本雅明认为，"奇观建构出都市人的精神欲望空间，使人沦为欲望机器的视觉人质，导致了奇观拜物教"[2]。由此可见，本雅明理解的"物"是被赋予了形而上学的、宗教性价值意义的存在，它暗示了一种观看"美丽而昂贵的东西"的新方式，而拜物教对象便并非实际在场的物本身，而是一种人投射到物上可以感知而又超感觉的幻影。因此，"理论中的拜物教对象便并非实际在场的物本身，而是一种人投射到物上可以感知而又超感觉的幻影"[3]。

2. 价值形式路径

价值形式路径是再阐释拜物教批判理论的另一主要路径。该路径肇始于 20 世纪 20 年代后期的苏联学界，以鲁宾和帕舒卡尼斯为代表，随后在 20 世纪 60 年代后半叶，晚期法兰克福学派分支——德国"新马克思阅读"运动成为这一研究的代表。

苏联学者伊萨克·伊里奇·鲁宾在 1928 年发表的其最为重要的作品

---

[1] ［日］柄谷行人：《马克思，其可能性的中心》，中田友美译，中央编译出版社 2006 年版，第 28 页。

[2] ［德］瓦尔特·本雅明：《巴黎，19 世纪的首都》，刘北成译，上海人民出版社 2006 年版，第 26 页。

[3] 吴茜：《西方拜物教批判理论的源流、谱系与潜能》，《国外社会科学前沿》2019 年第 3 期。

《马克思主义价值理论文集》中对马克思的商品拜物教理论进行了深入研究，并指出，生产关系中的物化是商品拜物教的客观基础，因而商品拜物教理论是马克思全部经济体系的基础。

基于价值形式理论的拜物教研究的第二次热潮发生在 20 世纪 60 年代后期，以德国"新马克思阅读"运动为代表，该运动先驱巴克豪斯通过考据拜物教的文本出处指出，马克思对商品拜物教的最初论述建立在对价值形式的分析之上，因而商品拜物教的秘密只有通过价值形式理论才能得到破译。在巴克豪斯看来，价值形式理论已经深入到了对社会关系的批判，"对于马克思来讲，货币并不是一个'单纯的符号'，而是表象和真实的复合体：独立个体对象化了的社会联系。"[1] 质言之，巴克豪斯认为商品拜物教的秘密应该在价值形式理论中才能得到破译。

巴克豪斯的理论战友和后继者赫尔穆特·莱希尔特（Helmut Reichelt）继续沿着价值形式的坐标展开拜物教问题的研究。莱希尔特在《马克思资本概念的逻辑结构》中通过对价值形式内在二重化运动的深入阐发，认为价值形式的辩证法彻底回答了拜物教的问题。莱希尔特认为，商品"为了表示出它是哪一种，它必须把它的形式二重化"[2]。莱希尔特指出，二重化建立在自我矛盾的世俗基础之上，人与人的关系、人的类本质都必须以颠倒的形式表现出来。可见，在莱希尔特认为"二重化"概念作为价值形式辩证法的核心环节，它是以社会内在矛盾自身作为动力而得到展开的，而作为价值形式完成形式的货币范畴，则是资本主义社会社会劳动与私人劳动，普遍与特殊之间的矛盾冲突的必然结果，它掩盖了资本主义社会的内在冲突。基于此，莱希尔特表示价值形式的辩证法深化了对拜物教批判理论的认识。

---

[1] 李乾坤：《"新马克思阅读"运动——当代德国马克思研究的一种新纲领的探索》，《山东社会科学》2015 年第 10 期。
[2] 李乾坤：《对〈资本论〉价值形式理论的三种哲学阐释》，《江西社会科学》2019 年第 2 期。

二、国内拜物教批判理论功能与价值研究概览

改革开放以来，随着商品经济的兴起，马克思拜物教批判理论逐渐引起国内学界关注，在 20 世纪 80—90 年代，国内关于拜物教问题的讨论主要聚焦在拜物教与社会主义市场经济的关系等现实问题上。20 世纪 90 年代中后期至今，关注点则更多聚焦到拜物教概念、马克思拜物教批判的理论性质、产生根源、存在条件等更基础的问题中。总的来看，目前国内学界对拜物教问题的研究主要概括为如下四个主题：拜物教批判的理论性质、拜物教批判理论的形成过程与马克思整体思想发展的关联、拜物教批判理论的现实启示、与拜物教批判理论相关的拓展研究等。

（一）拜物教批判的理论性质

拜物教批判的理论性质是对马克思拜物教批判理论研究的首要问题，对这一问题的讨论主要有两类方法，并由此形成四种代表性观点。

第一类方法是对拜物教进行单一角度的直接定义法，代表性观点有社会意识说、社会存在说。

"社会意识说"认为拜物教本质上是一种社会意识，是人们头脑中生发出来的虚假观念，指人们对商品、货币、资本的崇拜。这一观点的产生可追溯到我国早期的政治经济学教科书中，并在形成后产生了持久而广泛的影响。许涤新主编的《政治经济学辞典》中认为，拜物教是一种宗教迷信，其内容是人们把某种物当作神来崇拜。例如，拜火教、太阳教等等，本来只是人脑的产物，却成为支配人的力量，这便导致了拜物教的产生[①]。陈征则认为商品拜物教是一种根源于商品交换关系的社会意识，具体而言是指"商品生产社会人们劳动关系表现为商品交换关系，这一客观的关系

[①] 许涤新主编：《政治经济学辞典》，人民出版社 1981 年版，第 372—373 页。

反映到人脑中便成为拜物教意识"①。在于光远、苏星等看来，"商品被看作支配人们命运的力量"，"正像宗教世界中人们崇拜人脑的产物，人们就像崇拜神一样崇拜商品和货币，这是马克思拜物教概念的实质"②。徐禾认为，"人们在观念中对商品进行了歪曲的反映，这就被叫作商品的拜物教"③。

"社会意识说"较广泛地影响了学界对拜物教理论性质的理解，该观点提出之后，众多学者都将拜物教理解为一种社会意识。如仰海峰认为拜物教就是人跪倒在自己的劳动产品——商品面前，人"成为商品的膜拜者"④。又如鲍金认为，"拜物教应该被区分为两个层次，一是抽象劳动的社会性质被反映成劳动产品本身的物的性质，即形成了作为假象的意识，这是拜物教 I；二是物化形式成为了人的思想和行为活动的途径，即形成了作为存在的意识，它是拜物教 II，是更难以打破的"⑤。

与"社会意识说"相对，"社会存在说"则认为拜物教本质上是一种客观的社会存在，是对资本主义生产方式的"物所承载的人与人的关系"这一客观历史性质的揭示。如韩许高、刘怀玉认为，"商品物神化"揭开了商品关系的"镜像化形式"之谜，因而拜物教理论是一个揭穿"商品的形式之谜"的资本主义生产方式批判理论。⑥聂海杰认为，商品拜物教是"附带于商品生产这种生产方式本身的固有性质"⑦。陈秋蓉指出，货币拜物教是一个历史范畴，其目的是"揭示商品拜物教和货币拜物教的历史性质"⑧。亦有学者在与其他相近概念的比较中证明"社会存在说"。吴琼通

---

① 陈征主编：《〈资本论〉解说》（第一册），福建人民出版社 1975 年版，第 120 页。

② 于光远、苏星主编：《政治经济学资本主义部分》（上册），人民出版社 1977 年版，第 53 页。

③ 徐禾等编：《政治经济学概论》，人民出版社 1973 年版，第 60—61 页。

④ 仰海峰：《商品拜物教：从日常生活到形而上学》，《马克思主义与现实》2014 年第 2 期。

⑤ 鲍金：《拜物教为什么是"客观的思维形式"？——抽象视阈中的马克思拜物教批判再阐释》，《马克思主义与现实》2013 年第 6 期。

⑥ 韩许高、刘怀玉：《Fetishisms：是拜物教，还是物神化？》，《现代哲学》2016 年第 3 期。

⑦ 聂海杰：《商品拜物教：价值关系的矛盾本性及其颠倒幻象》，《昆明理工大学学报（社会科学版）》2014 年第 4 期。

⑧ 陈秋蓉：《马克思的货币拜物教学说》，《江淮论坛》1989 年第 1 期。

过辨析"拜物教"与"恋物癖"的异同，认为前者是从商品生产的逻辑来讨论"拜物教"的社会构成及其后果；后者则是从主体欲望的运作来讨论"恋物癖"的心理机制及其效果，[①] 因此拜物教批判是对商品生产的客观逻辑的揭示。李济广则通过对比"拜物教"与"拜金主义"认为，前者是通过揭示商品和货币所体现的商品生产者之间的社会生产关系，这与拜金主义或"一切向钱看"等观点等不同，并进一步指出必须对二者严格区分，才能清晰体现马克思商品理论的实质与意义。[②]

第二类方法是对拜物教进行整合定义，代表性观点有"二重结构说""三重指向说"。

"二重结构说"认为拜物教批判是社会存在和社会意识的统一。项荣建、王峰明指出，商品拜物教具有二重结构："作为一种社会存在，它指社会关系的物化；作为一种社会意识，它指人们认识的错位"[③]。李怀涛认为，拜物教既是人们的社会存在，也是人们的社会意识，而只有学理的审查者，才能透过现象发现其后的本质。马克思的拜物教理论就是对这种客观现实的批判反思，是一种解蔽。[④] 又如张有奎认为：拜物教之"物"有两重意蕴，一是物与物的关系掩盖着人与人的关系，人在观念和行为方面认同物的逻辑；二是物与物的关系隐藏的人与人的关系，特指资本主义的生产关系。[⑤] 亦如李健英认为，商品拜物教具有"商品的拜物教性质"与"商品拜物教"两重涵义，分别指向商品自身社会属性和一种社会意识[⑥]。再如薛志贤指出，商品的拜物教性质及其秘密主要的、根本的是研究商品经济

① 吴琼：《拜物教/恋物癖：一个概念的谱系学考察》，《马克思主义与现实》2014年第3期。
② 李济广：《不要滥用"拜金主义"和商品拜物教的概念》，《理论前沿》1994年第6期。
③ 项荣建、王峰明：《马克思对商品拜物教的批判及其当代启示——对〈商品的拜物教性质及其秘密〉的文本学再解读》，《学习与探索》2016年第8期。
④ 李怀涛：《马克思拜物教批判理论研究》，江苏人民出版社2017年版，第21页。
⑤ 张有奎：《拜物教之"物"的分析》，《现代哲学》2015年第3期。
⑥ 李健英：《试评"商品拜物教"问题上的一点误解——〈资本论〉学习札记》，《华南师范大学学报（社会科学版）》1990年第4期。

条件下人们的社会生产关系和这种生产关系为什么必然表现为物与物的社会关系，同时也说明在这种生产关系基础上产生的与其相适应的社会意识思想。①胡潇认为，马克思的货币拜物教批判一个重要路向是从价值论的视角，即马克思深刻剖析了货币拜物教对价值本体的虚置、对价值关系的错构、对价值逻辑的扭曲，为科学认识和正确对待货币的功能、地位、意义提供了思想指南。②

近年来还有学者提出"三重指向说"，即认为商品拜物教批判具有三重理论指向。如刘召峰指出，马克思拜物教批判具有拜物教性质、拜物教观念、人的生存境遇三重指向，即：其一，指一种理论上的"错认"，即把物所获得的社会关系规定性看作物的自然属性，其二，指一种社会存在，即商品、货币、资本作为人们自己一定的社会关系，在人们面前采取了物与物关系的虚幻形式，因而具有"拜物教性质"③的关系，最后指马克思对"物的依赖性"这一人们生存境遇的剖析。④吴永辉则认为，马克思对资本拜物教的批判揭示了三重幻想：存在幻象、客观思维幻想与制度幻想，即"资本自我增殖成为资本主义社会本体逻辑的存在幻象、资本拜物教徒的思维形式成为日常生活意识的客观思维幻象以及资本利益至上作为资产阶级意识形态核心理念的制度幻象"⑤。

---

① 薛志贤：《"商品拜物教"揭示的是社会生产关系还是社会意识？》，《教学与研究》1982年第1期。

② 胡潇：《货币拜物教的价值论解析——基于马克思拜物教批判的理念》，《天津社会科学》2020年第9期。

③ 刘召峰：《马克思的拜物教概念考辨》，《南京大学学报（哲学·人文科学·社会科学）》2012年第1期。

④ 李健英：《试评"商品拜物教"问题上的一点误解——〈资本论〉学习札记》，《华南师范大学学报（社会科学版）》1990年第4期。

⑤ 吴永辉：《马克思的资本拜物教批判理论研究》，《长春工业大学学报（社会科学版）》2014年第4期。

（二）拜物教批判的形成过程与马克思整体思想发展的关联

拜物教批判贯穿了马克思思想发展的始终，因而拜物教批判的形成与马克思整体思想发展的关联研究亦是国内学界研究的重点问题。

韩立新考察了物象化、拜物教、异化、物化的异同，由此说明马克思早期思想发生的转变。他指出，物象化有两层含义：（1）人格之间的社会关系表现为单纯的物象之间的关系；（2）人格和物象之间的主客关系发生颠倒，物象成为主体，人格反而成为客体。拜物教则更偏重揭示物拥有"物神性"，更强调物表现的"物神性"是一种"假象"，而且这种假象是由于人们的错觉造成的。异化则是一种主客关系结构，是经过"原初状态—异化状态—回归原初状态"的过程，马克思在《手稿》中对人的"类本质"的假设。但是物象化则没有这个"原初状态的假设"。物化概念则是指社会关系变成了某种纯粹物的属性。因此，马克思的异化概念是主客二元结构，而物象化则是至少三元的，是社会关系结构，据此可知，从异化到物化意味着马克思早期思想的转变。①

刘召峰通过辨析拜物教与物化、异化的异同，并着重考察异化概念与拜物教概念的关系，指出拜物教概念是对异化概念的重要发展，这体现了成熟马克思对青年马克思的发展，由此表明拜物教批判理论对于理解马克思的思想历程、重新阐释马克思的理论学说的内在逻辑、实现对马克思思想的"整体把握"具有重要意义。具体来说，他将物化分为三个层次：（1）贯穿人类发展历程始终的物化、对象化（一般）；（2）发生于一切存在着商品生产与交换的社会的社会关系物化（一般）；（3）资本主义社会的社会关系物化（特殊），此时处于统治地位的生产关系本身被物化了。而异化理论作为马克思的早期理论，不可避免地是抽象和模糊的，后

① 韩立新：《异化、物象化、拜物教和物化》，《马克思主义与现实》2014 年第 2 期。

来马克思使用了具体内容更加丰富、能更加清晰地描述和批判现实的概念体系来分析早期异化理论所指称的问题域。概言之，《资本论》中的拜物教批判理论是对异化理论的重要发展，是成熟马克思对于青年马克思的发展（而不是简单的抛弃）。[①] 由此，拜物教批判理论对于理解马克思的思想历程、重新阐释马克思的理论学说的内在逻辑、实现对马克思思想的整体把握都具有重要意义。[②]

李乾坤则通过研究异化—物化—事物化的发展过程指出，这一过程是马克思抛弃掉人本主义价值悬设的批判话语，逐步深入到从基础性的层面分析资本主义社会本质的过程，由此表明"物"的实质是"关系性的存在"。[③]

李怀涛辨析了拜物教、物象化、异化。他认为，"物象化"揭示了人格与人格的关系颠倒地表现为物象与物象之间的关系，这正是拜物教批判理论的部分内容，因此物化是马克思拜物教批判理论中的一个层级。"异化"则是马克思早期人本主义范式的批判用语，它在拜物教批判逻辑建构起来以后就被舍弃了，后面文本中仅仅在价值观意义上运用，用以说明资本对人的奴役状况。[④]

杨晓芳分析了拜物教与异化、物化的关系。她认为，人格的物化和物的人格化都是商品拜物教运作的重要内容，物象化、生产之镜是商品成为宗教（幻象）的重要一环，是商品转变为颠倒的镜像的运作机制，是理解马克思商品拜物教最深刻的地方。异化理论和商品拜物教的关系有三方面：一是资本主义劳动的异化及其人的异化所引起的商品、劳动和人内部的深刻矛盾揭露了商品拜物教所制造的资本主义"和谐有机体"的假象，二是资本主义异化揭示了"物与物象的颠倒"转向"物与物象相统一"的

---

① 刘召峰：《马克思的拜物教概念考辨》，《南京大学学报（哲学·人文科学·社会科学）》2012年第1期。

② 刘召峰：《拜物教批判理论与整体马克思》，浙江大学出版社2013年版，第7页。

③ 李乾坤：《马克思的物化和事物化概念》，南京大学硕士论文，2013年。

④ 李怀涛：《马克思拜物教批判理论研究》，江苏人民出版社2017年版，第28页。

欺骗，三是拜物教徒的感性基础是异化现实下的感性。[①]

王荣从拜物教批判的视角揭示《资本论》的存在论意蕴，她指出，马克思对商品拜物教的探索，使马克思不仅批判并超越了古典政治经济学从"经济人"出发所构造的资本主义社会的发财致富理论，也批判并超越了黑格尔从"观念的人"出发所建立的客观精神自我发展的唯心主义体系，从而从一定的生产关系之下的"现实的个人"出发，勾勒了资本主义社会的经济运动规律和人类历史的发展规律。[②]

（三）拜物教批判理论的现实启示

拜物教批判理论的现实启示亦是学界关注的热点问题，目前学界主要就社会主义市场经济条件下是否存在拜物教、如何认识和看待拜物教的最高发展形态等问题进行了探究。

"社会主义市场经济是否存在拜物教"一直是学界关注的热点，引起了旷日持久的争论。一种观点认为社会主义市场经济下也存在拜物教。如李云晋认为，由于社会主义存在商品生产和商品交换，劳动产品采取了商品形式，因此必然产生商品拜物教。[③]安月兴指出，商品拜物教是商品经济条件下客观存在的社会意识，它的产生与社会制度无关，只是不同社会形态之下具有不同特征，因此社会主义市场经济下也存在拜物教。[④]侯征亦认为，在商品经济形式下人们之间的生产关系不能不通过商品与商品之间的物的关系才能建立起来和表现出来，公有制基础上的有计划的商品生产和商品交换无法把笼罩在人们社会生产关系上的幕揭掉，只有等到未来

---

① 杨晓芳：《马克思商品拜物教批判的思想逻辑》，《桂海论丛》2020 年第 4 期。

② 王荣：《马克思拜物教批判的哲学革命品格》，人民出版社 2018 年版，第 10 页。

③ 李云晋：《试论社会主义条件下的商品拜物教》，《经济问题》1983 年第 1 期。

④ 安月兴，蔡志荣：《社会主义市场经济中的商品拜物教》，《华北电力大学学报（社会科学版）》2001 年第 3 期。

商品生产消灭的时候才可能。[①] 赵广山则指出，商品拜物教是伴随着商品经济的发展而产生的，它产生于商品货币关系，而不是私有制。[②] 李瑞德通过援引马克思指出社会虽然"既不能跳过也不能用法令取消其运动的自然规律"但却能"缩短和减轻分娩的痛苦"的观点，认为社会主义市场经济条件下也有拜物教现象。[③]

另一种观点则认为社会主义市场经济体制下不存在拜物教。如徐茂魁、杨达伟指出，社会主义虽然还存在着商品生产，但是它与资本主义的商品生产有着本质的差别：资本主义商品生产建立在私有制基础之上，它的基本矛盾是私人劳动与社会劳动的矛盾，社会主义商品生产是建立在公有制基础之上的计划经济指导下的商品生产，它的基本矛盾是局部劳动与社会劳动的矛盾。因此拜物教现象在社会主义社会不存在。[④]

如何认识拜物教的最高发展形态是国内拜物教问题研究的又一重点。杨娟认为，马克思主义政治经济学批判需要扩展到当代虚拟经济领域，并据此提出虚拟资本拜物教概念，意指人们对虚拟资本崇拜的当代精神现象的批判。[⑤] 康翟、刘曦则提出金融资本拜物教概念，表示蕴含在拜物教本质中的金融资本任意性与虚假独立性，为金融创新的泛滥以及金融部门脱离产业部门的过度膨胀提供前提，从而使得一般意义上的金融资本崛起成为可能。[⑥] 李瑞德分析了金融资本拜物教对经济金融化的影响，认为金融

① 侯征：《社会主义社会的商品拜物教和我国的经济改革》，《陕西师大学报（哲学社会科学版）》1989年第2期。

② 赵广山：《马克思商品拜物教理论及其对发展社会主义市场经济的意义》，《经济评论》1996年第3期。

③ 李瑞德：《马克思拜物教批判理论的当代审视》，福建师范大学博士论文，2016年。

④ 徐茂魁、杨达伟：《社会主义建设要利用商品拜物教吗？——与李云晋同志商榷》，《经济理论与经济管理》1983年第5期。

⑤ 杨娟：《虚拟资本拜物教批判的时代意义及其进路——马克思主义政治经济学批判的当代追问》，《内蒙古社会科学》2019年第1期。

⑥ 康翟、刘曦：《〈资本论〉视阈中的当代金融资本崛起及其根源》，《世界哲学》2020年第3期。

资本的拜物教性质是推动经济金融化的深层次原因，经济金融化则是金融资本拜物教的表现。[①]

（四）与拜物教批判理论相关的拓展研究

国内学界还基于拜物教批判理论进行了相关拓展研究。

魏传光探究了马克思拜物教批判和马克思正义思想的关系。他认为，通过拜物教批判，马克思揭示了物的背后是人的社会关系的实质，进而否定了资本主义正义观的所谓天然性。具体而言，马克思从拜物教、价值形式与历史过程的关系中，总结出了"正义"的"历史性"特性，从而否定了资本主义正义观的所谓永恒性。由此，马克思的确对资本家剥削工人的剩余价值给予了强烈的正义性谴责，"正义"在马克思那里并没有缺席。[②]

张敦福考察了商品拜物教概念的来源，并反思了学界运用该概念所存在的问题。他指出，这一概念经由马克思主义追随者的继承与再阐释，以及与心理分析知识框架的结合，在消费行为研究领域催生了新的研究范式。当前国内外许多研究者误用了商品拜物教概念工具和理论，在他们的论著中，忽视了消费者群体的主体性、社会历史与文化背景的差异性、物与商品的社会生命和社会意义，其道德性价值判断过于彰显，系统而扎实的实证经验资料明显缺乏。[③]

---

① 李瑞德：《资本拜物教与资本主义经济金融化》，《当代经济研究》2015 年第 7 期。
② 魏传光：《马克思拜物教批判语境中的正义思想》，《暨南学报（哲学社会科学版）》2021 年第 1 期。
③ 张敦福：《商品拜物教——一个跨学科理论话语的应用与误用》，《社会科学》2020 年第 12 期。

第三节　对马克思拜物教批判理论研究的思路与方法

一、对马克思拜物教批判的研究内容

（一）研究对象

本书以"马克思拜物教批判理论"为研究对象，并从拜物教生成过程、逻辑理路、当代之维等视角对其进行系统性考察，表明拜物教理论揭示了被遮蔽的资本主义生产关系的本质，并为认识与应对社会主义市场经济条件下的拜物教现象及其新形态提供启示。结合价值形式理论这一基石，厘清拜物教的逻辑理路；从生成史角度，基于"马克思对'私有财产之谜'的探索"这一思想主线，系统理解拜物教批判理论；基于生产关系批判视角的研究，分析社会主义市场经济条件下的拜物教现象及其新形态，着重研究资本拜物教，为科学认识资本本性、为资本设置"红绿灯"提供理论遵循。

本书分为六章，每章具体安排如下：

第一章为绪论，内容为介绍马克思拜物教批判理论的背景与缘起、拜物教批判理论的功能与价值、对马克思拜物教批判理论研究的思路与方法等。

第二章以马克思对财产权的批判为逻辑线索，确立马克思拜物教批判理论的主要文本路标，以此分析马克思拜物教批判理论的形成过程。马克思拜物教批判理论的形成经历了较曲折的探索过程，本章梳理了马克思从宗教异化批判逐步走向拜物教批判的过程，从而理清拜物教批判理论从潜在形态到成熟理论的发展过程，为深入和系统理解马克思拜物教批判理论奠定基础。

第三、四章是对马克思商品拜物教、货币拜物教、资本拜物教批判的逻辑理路的剖析，即基于价值形式理论，对马克思剖析商品从最简单、最不显眼的样子发展到炫目的货币形式，最终形成迷惑性更强的资本拜物教的理论演进过程进行阐发，以表明拜物教批判中的"物"其实质是人与人的社会关系，由此揭示马克思拜物教批判理论本质上是对资本主义社会中"人与人的关系被必然颠倒地表现为'物'的关系"的阐释与批判。

第五章主要论述马克思对拜物教观念的批判。如果对商品、资本和货币拜物教批判的逻辑进路未能形成完整准确的认识，而只从"物"的表面形态来理解"物"，换言之，若不理解"人与人的关系"的实质内容，不能科学认识"物"背后赖以产生的经济基础，便会形成一种主观错觉，即似乎商品、货币、资本本身具有"魔力"，由此将导致错误拜物教观念的产生。本章将对马克思批判商品、货币、资本拜物教错误观念进行阐发。

第六章是对马克思拜物教批判理论的当代之维进行分析，即马克思之后学界就拜物教批判理论的新探索和再审视进行的介绍和剖析，并基于此进一步探究拜物教批判理论的现实启示。在马克思之后，拜物教批判理论引起了众多马克思主义研究者的重视，他们对拜物教问题进行多角度的再诠释，并尝试进行理论创新。进行拜物教批判理论再研究的主要解读路径有人本主义解读路径和价值形式解读路径，本章将分别剖析上述两种路径，以呈现马克思之后就拜物教理论的新探索、新发展及研究局限；在此基础上，探究马克思拜物教批判理论的现实指向，聚焦到对拜物教的最高发展形式——金融资本拜物教的剖析上，并尝试对拜物教的遏制和消除进行展望。

（二）拟解决的关键科学问题

1. 基于价值形式理论，科学界定拜物教批判的理论性质

价值形式理论是马克思拜物教理论的理论前提。马克思在《资本论》第二版跋中就曾指出，"商品的价值形式，就是经济的细胞形式"。不懂价值形式理论难以真正理解拜物教理论。基于价值形式理论揭示马克思拜物教理论的双重含义，即马克思拜物教理论是一个复合概念：第一层次是指资本主义生产方式必然导致人与人的生产劳动关系的颠倒，这是一种客观的物化性质；第二层次是指错认这种客观物化性质导致错误拜物教观念，表现为金属主义、数量主义、名目主义、"三位一体公式"等资产阶级经济学家的错误观念。拜物教批判理论是上述二者的统一。

2. 基于马克思探究"私有财产本质之谜"的逻辑主线，结合相关重要文本，对拜物教理论展开生成史研究，整合理解拜物教理论

马克思对"私有财产本质之谜"的探索，构成了马克思拜物教批判理论的问题意识，换言之，拜物教批判理论是马克思探索资本主义私有财产本质之谜的理论成果，因而要真正理解拜物教批判理论，必须将其置于马克思对"私有财产本质之谜"的探索之中。综观目前学界对拜物教理论的研究，对二者关联的研究并不充分，有待重视加强。因此，有必要基于马克思"探究私有财产本质之谜"这一逻辑主线，结合马克思早期文本，从生成史角度系统理解拜物教理论。具体展开逻辑为：宗教异化批判—财产异化批判—劳动异化批判—拜物教批判，依据文本包括《论犹太人问题》《1844 年经济学哲学手稿》《穆勒评注》《哲学的贫困》《1857—1858 年经济学手稿》《1861—1863 年经济学手稿》《资本论》等。

3. 深入阐释资本、资本逻辑、资本拜物教的生成理路与内在机制，揭示资本的虚幻表现形式及其背后的生产关系实质，给"为资本设置红绿灯"提供理论遵循

首先，研究剩余价值的剥削本质表现为资本的自行增殖，并因劳动对资本的形式从属与实际从属的区分而加深，从而在工资形式上遮蔽住资本与劳动的关系的过程，出现资本拜物教萌芽。其次，研究随着剩余价值在流通中的实现与转化，则加剧了资本拜物教的深化的过程。再次，研究剩余价值的分割过程使得资本拜物教得以充分发展，最终在生息资本上形成资本拜物教最耀眼的形式，由此揭示资本主义生产方式导致的"社会关系被'物'所遮蔽"的客观事实的指认的过程。最后，研究错误的拜物教观念，即对上述客观的资本物化性质认识不清，便会导致错把资本当作物而导致对资本的崇拜，这一错误集中表现为资产阶级经济学家的"三位一体"公式。由此彻底揭示资本"物"的虚幻表现形式背后的生产关系实质，给"为资本设置红绿灯"提供坚实理论基础。

（三）研究目标

1. 理论目标

本书主要目标是基于整体性视野考察马克思拜物教批判理论，挖掘相应思想资源。

第一，进一步界定拜物教批判的理论性质。本书尝试证明，不同于通常将拜物教批判和"拜金主义""消费异化"等概念简单等同或将其理解为"对'物'的崇拜"，马克思拜物教批判理论本质上是马克思站在历史唯物主义的高度，对资本主义生产关系的物化性质的指认与批判，由此，马克思不仅说明了"资本的实质不是物，而是一种社会关系"，他更剖析了这一关系在资本主义社会如何必然以歪曲、颠倒的形式反映出来，即说明人与人的社会关系必然歪曲地表现为物与物的关系及其发生机制，从而揭示资本主义生产关系的物化性质的必然性。由此，把拜物教与拜金主义、消费异化等概念严格区分开来，准确凸显马克思的方法论力度，避免马克思理论被矮化、庸俗化。

第二，依循马克思对"私有财产本质之谜"的探索这一逻辑主线，展开对拜物教理论的生成史研究，系统认识拜物教理论。本书尝试证明，拜物教批判理论是马克思对探索"私有财产本质之谜"的系统化和逻辑化阐释，故本书从生成史角度，依循马克思对"私有财产本质之谜"的探索，系统认识拜物教理论。

2. 实践目标

本书尝试为拜物教批判理论在社会主义市场经济条件下的理论研究和实践应用提供基础，尤其对科学把握资本、资本逻辑、资本拜物教，从而揭示资本本质及其行为规律、为资本设置"红绿灯"等实践需求提供学理支撑。

二、进一步探究马克思拜物教批判理论的重难点与创新点

（一）研究重点

1. 剖析"'物'承载的是人与人的社会关系"的实质及其形成机制

要完整理解马克思拜物教批判理论，需要对如下两个问题进行进一步阐释：第一，"物"所承载的"人与人的社会关系"其具体内容到底是什么？第二，人与人的关系为什么必然要被表现为人与物的关系？这两个问题十分关键，而解答起来又并非易事。正如有学者在分析商品拜物教时所指出的那样，商品拜物教的实质究竟是社会生产关系还是社会意识，这并非可有可无的枝节问题，事实上它关系到能不能真正把握资本主义生产关

系的本质、具体形式和基本特征。[①] 要回答上述问题，便需要借助历史唯物主义方法论剖析和阐发"人与人的关系"的具体内容，进而对"物"本质上承载了人与人之间社会关系的形成机制进行阐发，以此把握拜物教批判理论的实质，这是本书的一个研究重点。

2. 基于价值形式理论对马克思拜物教批判理论进行解读

本书另一研究重点是基于价值形式理论来解读马克思拜物教批判理论。价值形式理论并非如有的观点所认为的，似乎只是一些琐事，事实上，它是"资本主义社会的细胞"[②]，是"显微解剖学所要做的琐事"，可见，价值形式理论是马克思拜物教批判理论的基石，对于解读马克思拜物教批判理论，进而理解资本主义社会来说具有重要意义。然而，理解价值形式理论又是不容易的，这与价值形式理论本身极为抽象有关。马克思曾在《资本论》中直言，"除了价值形式那一部分外，不能说这本书（指《资本论》——笔者注）难懂"，"两千多年来人类智慧对这种形式进行探讨的努力，并未得到什么结果"[③]。由此可见，本书的又一研究重点便是依循马克思的思想发展脉络阐发价值形式理论，为理解马克思拜物教批判理论的实质打下牢固根基。

（二）研究难点

1. 结合马克思思想发展过程来阐发马克思拜物教批判理论

拜物教批判贯穿了马克思整体思想发展的始终，故要完整理解马克思拜物教批判理论，有必要按照马克思思想的发展过程对其拜物教批判理论进行梳理，但是这并非易事。这是因为，首先，要体现马克思拜物教理论发展过程与其整体理论发展的一致性，就需要对其思想本身有清晰、深

---

① 薛志贤：《"商品拜物教"揭示的是社会生产关系还是社会意识？》，《教学与研究》1982 年第 1 期。

② 《资本论》（第一卷），人民出版社 2004 年版，第 8 页。

③ 《资本论》（第一卷），人民出版社 2004 年版，第 8 页。

刻、全面的理解。这具有一定难度。与此同时，在拜物教批判理论的现有研究中，从马克思思想发展角度来梳理拜物教理论形成过程的研究十分有限，这进一步增加了本书写作难度。质言之，如何借助有限材料将马克思拜物教批判理论的发展与资本主义批判的整体思想发展进程结合起来，对本书的完成来说是不小的挑战。

2. 揭露拜物教观念的错误实质及其形成根源

文章的另一研究难点是对拜物教观念的错误实质及其形成根源的揭示。要揭露拜物教观念的错误及其形成根源，必须首先理解这种观念的实质本身，由此才能深入到马克思对它的批判中去。这同样不是易事，原因在于，持拜物教观念的资产阶级经济学家如亚当·斯密、大卫·李嘉图等人，作为资产阶级经济学的代表性人物，其理论本身已具有相当深度。因此，要理解这些资产阶级经济学家的观点本身就并非易事。而本书的完成，需要在此基础上进一步发现和驳斥他们的漏洞，揭露拜物教观念的错误实质及其形成根源，这亦是一个不小的挑战。

（三）可能的创新点

本书创新之处总结为"三新"，即"新视角""新文本""新问题"。

所谓"新视角"，是针对学界多从意识形态或政治经济学维度展开拜物教研究而言。本书从历史唯物主义维度提出新的解读视角，澄清其更是马克思基于历史唯物主义方法论，深入生产关系维度，对资本主义生产方式秘密的内在逻辑机理的揭示，从而揭示资本主义客观生产方式的历史必然性，而不仅是主观错认，由此从方法论维度，将其与消费主义、拜金主义、货币崇拜等概念根本区分开来，让马克思的理论高度得以还原，而不被矮化、庸俗化，从而为认识当代中国拜物教问题打下方法论基础。

所谓"新文本"，是针对目前学界对拜物教的研究多集中于《资本论》第一卷第一章"商品拜物教性质及其秘密"和第三卷第四十八章"三位一体公式"部分。事实上,《1844 年经济学哲学手稿》《穆勒评注》《1857—1858 年经济学手稿》等文本蕴含了马克思对商品、货币、资本、财产、价值、剩余价值等马克思主义理论核心概念的全面考察,是形成拜物教理论的重要思想来源,但目前学界对此研究不足。本书基于上述文本,进一步挖掘其中的拜物教批判资源,有益于全面理解拜物教理论。

所谓"新问题",是提出走出拜物教桎梏的中国实践路径——人文经济学。人文经济学是在唯物史观指导下的中国式现代化的经济学话语表达,即通过对资本主义生产方式以资本逻辑为核心的效用经济学的积极扬弃,继而确立起来的以人民为中心的经济学。由此,有必要基于历史唯物主义方法论,考察人文经济学的提出背景、科学内涵、实践样本、现实意义。考察对以资本为主体的"物本逻辑"的扬弃和以人民为中心的新发展理念的确立,探析社会主义市场经济通过科学利用商品、货币、资本关系,实现对"颠倒世界"的再次倒转和对"错位观念"的重新正位。

具体而言,本书尝试论证"人文经济学"是在唯物史观科学指导下,为解决资本主义生产方式基于资本逻辑而出现"资本至上""以物为本"等系列弊病而提出的中国方案,是中国式现代化的经济学话语表达。马克思通过剖析资本主义生产方式,指出其特征是以物的依赖性为基础的人的独立性,资本是主体,人是客体,这一生产方式下,生产围绕物而不是人展开。主体化资本对人的身心实行全面控制的必然结果,是资产阶级经济学成为基于异化需要、追求异化财富的经济学。人文经济学是对资本主义"供给—需求"经济学的扬弃,是"生产—需要"经济学。具体而言,人文经济学变"资本逻辑"为"人文逻辑",把异化的财富、异化的需要,变成人的财富、人的现实需要,按剩余价值生产向价值生产复归、价值生产向使用价值生产复归、使用价值最终向人民对美好生活需要的生产复归的总体逻辑,扬弃资本主义社会在资本逻辑宰制下出现的"人文缺失"及其导致的"人文危机",化解资本主义见物不见人、物质和精神生产不平衡的矛盾，实现对马克思拜物教批判和政治经济学批判的"守正"与"创新"，为转型时期理论创新奠定坚实基础。

三、马克思拜物教批判理论的研究方法

（一）方法论：抽象上升到具体法

本书遵循抽象上升到具体的总体方法论。马克思进行拜物教批判的逻辑理路是：剖析资本主义生产方式下，人与人的关系经由"价值的形成—商品—货币—资本—金融资本"的逻辑发展链条而逐渐被物化，最终被完全颠倒地表现为物与物的关系。因此，要揭示上述被遮蔽的"颠倒的形式"之实质，便需要遵循"从抽象上升到具体"的方法，探究"价值"通过逻辑演化逐步上升到资本和金融资本这一现实具体的过程，进而剖析人的关系被颠倒为物的关系的内在机理，最终解开资本主义生产的秘密。质言之，从抽象上升到具体的方法是呈现马克思拜物教批判逻辑所运用的核心方法，这一方法也将贯穿全文写作的始终。

（二）文献研究法

基于抽象上升到具体的核心方法，本书选择文献研究法作为基本研究方法。具体来说，本书第二章将剖析马克思拜物教批判的理论形成过程，对这一过程的阐发，需要以文本为依托，确立马克思拜物教批判思想发展中的文本路标，明晰其拜物教思想发展的重要节点。因此本书对马克思相关文本中的拜物教思想进行了挖掘和解读，探寻马克思拜物教思想发展的轨迹。应该看到的是，马克思早期文本中的拜物教思想还处于生成中，文本中的某些表述还不够清晰，思想表述也还不十分清楚。与此同时，这些文本中也还夹杂了许多"非逻辑主干道上"的思想干扰。因此便有必要着

重挖掘马克思早期文本中包含的成熟思想，将其"逻辑主干道"中的思想凸显出来，而将"非逻辑主干道"上的思想辨别和排除出去，以进一步呈现马克思获得正确逻辑、最终形成正确拜物教批判理论的过程。据此，本书运用文献研究法，力图通过文本分析进一步还原和勾画出马克思透过纷繁复杂的"物化"现象去揭示"物"的内在本质的过程，对每个文本摒弃了哪些、继承了哪些、发展创造了哪些进行分析和解读，进一步还原和回到马克思。

（三）理论与实际结合法

在文献研究法的基础上，本书将采用理论与实践结合法的运用，即以《资本论》拜物教批判理论为思想资源，考察社会主义市场经济对商品、货币、资本拜物教的驾驭，以及对上述错误拜物教价值观的扬弃，理论与实践结合，对"走出拜物教桎梏何以可能"形成双重启示。本书具体结合拜物教批判这一理论基石和"人文经济学"这一实践成果与理论结晶，表明后者作为在唯物史观科学指导下、为解决资本主义生产方式基于资本逻辑而出现"资本至上""以物为本"等系列弊病而提出的中国方案，是中国式现代化的经济学话语表达，化解了资本主义见物不见人、物质和精神生产不平衡的矛盾，实现对马克思拜物教批判和政治经济学批判的"守正"与"创新"，为转型时期理论创新奠定坚实基础。

第二章

文本路标：
马克思拜物教批判理论的
生成过程

对理论的说明"不能把它们限定在僵硬的定义中,而是要在它们的历史的或逻辑的形成过程来加以阐明"①,要完整理解马克思拜物教理论,首要一步是对马克思拜物教批判的问题缘起、探究路径及得到结论的过程进行逻辑化梳理和系统性的阐发。循此思路,本章从思想史角度梳理马克思拜物教批判理论的形成历程,包括如下四部分内容:第一,分析马克思对鲍威尔宗教异化观的批判,从而呈现马克思揭示财产异化是资本主义社会矛盾根源的过程;第二,阐发马克思深入市民社会、进一步分析财产异化的过程,由此马克思发现财产异化的本质是劳动发生异化;第三,揭示马克思对劳动异化展开进一步分析,从而解开了拜物教秘密的过程;第四,对马克思拜物教批判理论形成过程进行系统梳理,并对学界的一个重要讨论——马克思是否经历了"认识论断裂"问题提供一种可能的思考路径。

第一节 《论犹太人问题》:
与"物支配人"难题的相遇

问题需从财产权批判开始进入马克思理论研究视野之时说起。马克思对财产权的批判萌发于对"物"的困惑,随后考察"物质利益难题",由此开始关注财产问题。这一探索过程对应的文本是《论犹太人问题》。

———————

① 《资本论》(第三卷),人民出版社 2004 年版,第 181 页。

一、鲍威尔的宗教异化观及其局限

《论犹太人问题》是马克思对青年黑格尔派代表鲍威尔《犹太人问题》一书所做的批判。鲍威尔的《犹太人问题》写作于 19 世纪的德国。彼时的德国，犹太人因为善于经商，在经济上十分富足，然而经济上的富有并未给犹太人带来政治上的同等地位。为获得政治地位，犹太人进行了旷日持久的斗争，对此恩格斯曾精练地指出，彼时理论盛行的德国有实践意义的东西有两样：宗教和政治。①

德国思想界同时对这一问题展开热烈的探讨，《犹太人问题》一书便是其中的代表性论著。鲍威尔在书中指出，犹太人问题的本质是宗教问题。鲍威尔提出宗教的本质是"自我意识的异化，就是狭隘的神灵崇拜"②，因而犹太人问题本质上是精神层面的问题，由此犹太人发展是"始终与自己相异的发展"③，如果要获得解放，就要放弃宗教，最终方能回归理性。质言之，犹太人打破宗教对人的统治，只要跨越宗教这个"台阶"，废除宗教异化的束缚，就能完全废除宗教，便能回到人的精神本性和人的类本质的统一之中，获得自由。

归纳起来，鲍威尔的主要观点有二：第一，犹太人的困境源于其宗教，即犹太人的宗教具有局限性，如果每个犹太人都放弃宗教，便能实现自身的解放。因此，犹太人要获得解放的途径便是废除宗教。第二，将政治解放与人类解放画上等号。鲍威尔认为政治解放的实现就是人类解放的实现。可见，鲍威尔的解决方案是宗教角度的，认为宗教对立根源于特定历史发展阶段下人的精神的对立，并由此提出宗教问题的解决办法。

---

① 《马克思恩格斯选集》（第 4 卷），人民出版社 1995 年版，第 221 页。

② 李淑梅：《人类解放：消除对政治国家、宗教和金钱的崇拜——读马克思的〈论犹太人问题〉》，《学习与探索》2010 年第 4 期。

③ 《马克思恩格斯文集》（第 1 卷），人民出版社 2009 年版，第 47 页。

对于鲍威尔的方案，马克思深入犹太人问题的内部，指出鲍威尔的观点是对"现实的犹太人"提出的过分要求，因为犹太人问题的实质并非宗教问题，而是世俗领域的财产问题，从而把问题的剖析路径从宗教异化转化为财产异化。鲍威尔站在人的解放的高度，看到了宗教的局限性，这是鲍威尔在认识犹太人问题上的理论贡献。但是，鲍威尔把宗教对立看作人的精神不同发展阶段的对立，进而把人的解放问题归结到人的类本质的自我意识中，从精神层面提出实现宗教解放的对策，这就把历史中的各种限制都看作精神的异化，把人的解放问题归结为"精神自我复归自身"的精神解放。

进一步地，造成犹太人的现实处境有更深层的原因。在探讨解放者是谁、该如何解放之前，还必须提出这两个问题：犹太人的解放究竟其本质内容是什么？其解放的本质需要哪些条件？只有探究清楚这一问题，才是深入政治解放内在实质的探究，从而让这个问题真正变成"当代的普遍问题"，最终实现对政治解放本身的批判。[1] 因此，在马克思看来，必须深入考察处于市民社会中日常犹太人的状况，找出决定犹太人问题存在的社会要素，才能找到导致犹太人问题的根源。基于对鲍威尔"精神异化说"的驳斥，马克思对"现实的犹太人"进行了重新思考。

二、"现实的犹太人"是市民社会中发生财产异化的人

马克思对"现实的犹太人"展开深入剖析后发现，犹太人的本质并非是发生了宗教异化的"虚幻的人"，而是处于市民社会中、发生了财产异化的"现实的人"。

首先，政治革命直接把市民社会当作无须证明的前提，即把需要、劳

---

① 《马克思恩格斯文集》（第 1 卷），人民出版社 2009 年版，第 47 页。

动、私人利益和私人权利等领域都看作自身存在的自然基础，从而当作无须进一步论证的前提。马克思分析了造成这种认识的根源在于对人的本质形成的错误认识。具体而言，政治国家中的政治人是抽象的、人为的人，而市民社会中的人才是直接存在的真实的人，"在政治国家真正形成的地方，人不仅在思想中，在意识中，而且在现实中，在生活中，都过着双重的生活——天国的生活和尘世的生活。前一种是政治共同体中的生活，在这个共同体中，人把自己看做社会存在物；后一种是市民社会中的生活，在这个社会中，人作为私人进行活动，把他人看做工具，把自己也降为工具，并成为异己力量的玩物。"①。质言之，市民社会的成员是"具有感性的、单个的、直接存在的人"②，是本来意义上的人。因此，若未能明晰政治国家的人的这种双重性，把政治革命中的人看作真正的人的本质，而认为需要、劳动等市民社会的问题是其自然基础，事实上这是需要论证的问题，但这一错误的思考角度导致该问题变得似乎不证自明了。

其次，问题的探究方向应该转到对日常犹太人的考察上来。马克思说，"只有当人认识到自身'固有的力量'是社会力量，并把这种力量组织起来因而不再把社会力量以政治力量的形式同自身分离的时候，只有到了那个时候人的解放才能完成"③，在现实生活中复归到自身的类本质，复归到个体与类的统一。据此，要真正解决犹太人问题，便不能像鲍威尔那样考察"安息日的犹太人"④，而应该考察现实的、日常的犹太人。

最后，现实的犹太人的实质是基于实际需要、自私自利的人，现实的犹太人真正礼拜的是经商牟利，世俗的经商和金钱才是实际的、实在的犹太教。"把他们连接起来的唯一纽带是自然的必然性，是需要和私人利益，

---

① 《马克思恩格斯文集》（第1卷），人民出版社2009年版，第30页。
② 《马克思恩格斯文集》（第1卷），人民出版社2009年版，第46页。
③ 《马克思恩格斯文集》（第1卷），人民出版社2009年版，第46页。
④ 《马克思恩格斯文集》（第1卷），人民出版社2009年版，第46页。

是对他们的财产和他们的利己的人身的保护"①，所谓的人权都没有超过利己的、出于自己私人利益的行为本身，在这些行为之中，人并未体现人的类本质的存在，"真正的人、本来意义上的人是市民社会中的人，而公民只是利己的人的奴仆"②。概言之，处在宗教对立中的人并非真正现实的犹太人，其依赖的是基础而根本的现实——市民社会中对私人利益的追逐。

总而言之，马克思对鲍威尔的超越在于：第一，鲍威尔把犹太人问题看成是文化现象，马克思则看作历史的客观表现。第二，鲍威尔的批判指向精神上的宗教解放，马克思则诉诸现实中的经济解放并提出具体的历史条件，从而将经济解放的实现指向寻找经济关系和生产关系根源。具体来说，马克思认为，对犹太人来说，金钱是一切事物普遍的、独立自在的价值，它剥夺了人和自然界固有的价值，它是人的劳动和人的存在同人相异化的本质。在市民社会中，人被这种异己的本质所统治。马克思因此提出，犹太人所谓的宗教的神不复存在，存在的只是市民社会中现实的、世俗的金钱。可见，当鲍威尔从精神文化层面进行批判时，马克思已经转向基于市民社会这一经济关系的角度来探寻犹太人问题的本质。据此，马克思从对宗教的批判转向了对财产关系的批判，开始通过财产关系来寻求解放道路。

三、犹太人的真正解放是从财产关系中解放

将批判的矛头指向财产问题后，马克思通过对经济关系的剖析，发现让犹太人从金钱和唯利是图的习气中解放出来，才是他们获得解放的要义。资本主义社会中的人是"作为市民的存在"，人的身份是双重的：作

---

① 《马克思恩格斯文集》（第 1 卷），人民出版社 2009 年版，第 42 页。
② 《马克思恩格斯文集》（第 1 卷），人民出版社 2009 年版，第 46 页。

为公民，要过共同体的生活。但在市民社会，人又要和货币发生关系，因此他们所幻想的只是更多的票据，他们真正信奉的神其实是金钱，市民社会的原则是利益的需要和利己主义，由此货币发生了"物"的主体化、主体的物化，票据成为犹太人现实的神。概言之，资本主义社会中存在物化现象，马克思在财产解放和政治解放的关系中寻找到了犹太人问题的突破口，从而表明犹太人的真正解放是从金钱和财产中获得解放。

需要注意的是，此时马克思还没有深入政治经济学研究，还不能对市民社会进而对资本主义经济关系作出更为具体的剖析。继《论犹太人问题》后，马克思深入市民社会之中，对资本主义财产关系展开分析，剖析了资本主义社会中财产关系的生成逻辑和内涵实质，进一步揭露了"物"的秘密——这是在《1844 年经济学哲学手稿》中完成的。

第二节　《1844 年经济学哲学手稿》：从财产异化批判到劳动异化批判

把犹太人宗教异化的根源归结为财产异化后，马克思进一步深入财产问题的研究，并写下《1844 年经济学哲学手稿》（以下简称《手稿》）。在《手稿》中，马克思深入对市民社会的剖析，批判了市民社会中的财产异化问题，由此揭示了财产异化的主体本质——劳动异化，并历史地分析了劳动异化，通过对异化劳动和私有财产关系的深入剖析，实现了对财产实质的科学认识，由此开始揭露出资本主义社会拜物教的秘密。本节首先介绍国民经济学"三位一体"的私有财产观及其矛盾，其次阐发马克思对异化劳动理论与私有财产关系的分析，发现"三位一体"的私有财产观根源于人类劳动的异化，最后分析马克思论证消除劳动异化的途径是共产主义，以呈现马克思不断深化对私有财产的科学认识过程。

一、国民经济学的"三位一体"私有财产观及其矛盾

基于《论犹太人问题》的发现，马克思在《手稿》中展开了对国民经济学家私有财产本质观悖论的批判，并通过方法论革新，确立了科学的私有财产本质观。

1. 发现国民经济学私有财产观存在悖论

国民经济学对私有财产本质的认识可称作"三位一体"私有财产观。该观点有两个基本点：第一，劳动是一切财富的唯一源泉，从而把对私有财产的考察集中到对人能动的活动上来。对此，马克思予以认同，指出它是"英国国民经济学一个合乎逻辑的大进步"[①]。第二，资本、地租、工资三者的相互分离，即资本家通过资本赚取利润、土地私有者获得地租、劳动者通过劳动赚取工资，都是天经地义的。

"三位一体"私有财产观从理论形式上看是合理的，马克思深入资本主义社会考察后却发现，和国民经济学家们描绘的完美情况不同，资本主义社会中工人的劳动付出和工资收获极不成比例。马克思详细分析了资本主义社会中三种情况下工人的处境：第一种情况，社会财富处于衰落时，工人遭受的苦难最大。此时，手无寸铁的工人可能连工作的资格都失去了，从而陷入最深重的担忧。第二种情况，社会财富增长时，从劳动力需求角度来看，劳动力供不应求而增加了劳动力需求，从这一角度看，该情况对工人有益。但这种有利是暂时的，长远地看工人依然陷入苦难，原因有二：原因之一，社会财富增加有如下前提，而这都是以工人单方面的损失甚至牺牲为代价的。第一，进行大量劳动进而财富积累。但是，资本主义社会的劳动产品并不属于工人。因此工人生产越多，产品就越作为别

---

① 《马克思恩格斯全集》（第 42 卷），人民出版社 1979 年版，第 105 页。

人的产品和工人自身对立。第二，资本积累使得资本家扩大生产规模，从而分工得到发展。但是分工将使工人的劳动越来越片面而机械，长此以往，工人的精神和肉体都将被贬低为机器。第三，资本家之间的竞争不断加剧，进而导致资本积聚增加。这使得大资本逐步吞并小资本，最终造成越来越多的工人越来越依赖于少数的资本家，从而工人之间的竞争加强，导致一部分工人行乞甚至饿死。原因之二，财富增加会提高工资，这将刺激工人多劳动进而激发其提升劳动效率，但这将导致过度劳动，而长时间的过度劳动将缩短工人寿命。有鉴于上述两点原因，社会财富增加这看似对工人最有利的状态，也终将让工人陷入困窘的境地。第三种情况，当财富达到顶点时，意味着社会整体财富状况的走向是即将衰落，就业岗位将会缩减，工人将马上投入就业机会的争斗中，这将导致工人激烈的内部竞争，进而导致超过就业人数的部分注定死亡。据此可知，财富达到顶点的情况对工人也是不利的。

基于对三种情况下工人处境的考察，可知劳动者生产了全部的产品和财富，但不论社会财富处于哪种情况，工人却都只获得仅能维持生计的财富，最终陷入贫困境地。这一事实便意味着"三位一体"私有财产观其内在具有逻辑悖论：一方面，国民经济学提出劳动创造了价值，进而劳动的全部产品都属于劳动者；另一方面，"地租和资本利润本应该是拿出工资后剩余的扣除，但现实中却成为劳动产品最后分出来、让给工人的东西"[1]，劳动者获得的只是产品中的极小部分——小到以至于劳动者获得的只是保障其能够存活的最低限度。换言之，国民经济学肯定货币、资本的无上权力，这些产品可以反过来购买劳动力，奴役和剥削劳动者，可以驱使劳动为它的增殖服务。这也就说明国民经济学私有财产观所存在的内在悖论，并驳斥了其虚假性。

---

[1] 《马克思恩格斯文集》（第 1 卷），人民出版社 2009 年版，第 123 页。

2. 对国民经济学方法论的批判

资产阶级经济学理论悖论的错误根源是方法论的错误。他们把自己置身于虚构的抽象原始状态，把资本主义社会中利润、地租、工资当作不证自明的前提，而不去考察其根源，最终导致结论和现实完全相悖。例如，国民经济学家们分析工资和资本利润的关系时，认为资本家获得利益是不言自明的前提。事实上，这最终导致"国民经济学家只是使问题堕入五里雾中"[①]。概言之，国民经济学私有财产观的错误根源在于把利润、地租和工资看作不证自明的前提，即一种非历史性的永恒存在，最终并未能现实地从而正确地认识利润、地租、工资的实质。

3. 科学探索私有财产本质观的思路

基于对国民经济学私有财产观的批判，马克思进一步将破解私有财产本质的关键点聚焦到了资本主义社会中劳动者的劳动上。首先，通过马克思批判国民经济学的方法论能够捕捉到马克思的思路。国民经济学家们"……把他应当加以说明的东西假定为一种具有历史形式的事实"[②]，可见，国民经济学把资本主义社会中的劳动看作抽象的永恒存在，要正确认识劳动的本质，便应该对其进行历史性的分析。其次，马克思敏锐地直接提出，"贫困是从现代劳动本身的本质中产生出来"[③]，这表明资本主义社会下的劳动并非一般意义上的人类劳动，而是一种特殊的劳动，资本主义社会下工人的困窘境地正是被这种特殊的劳动生产出来的。最后，要分析私有财产关系的实质，必须进一步深入对现代劳动本身的本质的考察，即深入剖析资本主义社会下劳动的实质。

---

① 《马克思恩格斯文集》（第1卷），人民出版社2009年版，第156页。
② 《马克思恩格斯文集》（第1卷），人民出版社2009年版，第155页。
③ 《马克思恩格斯文集》（第1卷），人民出版社2009年版，第124页。

二、私有财产的主体本质是异化劳动

马克思对异己劳动展开进一步分析，并发现了劳动发生异化的四重规定，分别为：工人和劳动产品的异化、工人和劳动过程的异化、工人和人的类本质的异化、工人和他人的异化，由此得出结论：私有财产并非一般的劳动形成的，而是工人的异化劳动创造的。

从私有财产的形成过程来看，异化劳动决定了私有财产的产生。

劳动发生的第一重异化是劳动者和劳动产品相异化。资本主义生产方式下，工人自己劳动生产的产品却成为奴役工人自身的东西，这导致劳动者和自身生产产品的异化。马克思对工人的处境描述道："工人在劳动中耗费的力量越多，他亲手创造出来反对自身的、异己的对象世界的力量就越强大，他自身、他的内部世界就越贫乏，归他所有的东西就越少。"[1] 对于劳动者和自身生产产品的异化，国民经济学对此是视而不见的，马克思说："国民经济学由于不考察工人（劳动）同产品的直接关系而掩盖劳动本质的异化。劳动对它的产品的直接关系，是工人对他的生产的对象的关系。"[2]

第二重异化是资本主义生产造成的劳动者与劳动过程的异化。马克思指出："在劳动对象的异化中不过是总结了活动本身的异化、外化……他在自己的劳动中不是肯定自己，而是否定自己……这种活动是他自身的丧失。"[3] 资本主义生产使得劳动者的劳动和自身的劳动过程相互异化了。马克思进一步阐发了这重异化下劳动者的表现，"劳动对工人来说是外在的东西，也就是说，不属于他的本质；因此，他在自己的劳动中不是肯

---

[1] 《马克思恩格斯文集》（第1卷），人民出版社2009年版，第157页。
[2] 《马克思恩格斯文集》（第1卷），人民出版社2009年版，第158—159页。
[3] 《马克思恩格斯文集》（第1卷），人民出版社2009年版，第160页。

定自己，而是否定自己"①，这造成"人（工人）只有在运用自己的动物机能——吃、喝、生殖，至多还有居住、修饰等——的时候，才觉得自己在自由活动"②。可见，属于动物的特点现在被人所具有了，而本应属于人的类特质却沦为动物的机能。

第三重异化是劳动者和人的类特性的异化。马克思首先指出，自由活动是人的类特性："一个种的整体特性、种的类特性就在于生命活动的性质，而自由的有意识的活动恰恰是人的类特性。"③但是，资本主义生产方式下，"生活（类生活）仅仅表现为生活（个人的现实生活）的手段"④。异化劳动使得生产对象夺去了人的类生活，即他的现实的类对象性，把人对动物所具有的优点变成缺点，由此人自身的类本质发生了异化，马克思总结道："人的类本质，无论是自然界，还是人的精神的类能力，都变成了对人来说是异己的本质，变成了维持他的个人生存的手段。"⑤质言之，在资本主义生产下，劳动使人的类特性之间发生了异化，劳动成为维持人生存的手段。

前三重异化将导致劳动者与他人的关系发生异化，这便是最后一重异化："人与人的异化，即人同人相异化是人同自己的劳动产品、自己的生命活动、自己的类本质相异化的直接结果。"⑥概言之，人自身的异化只有通过人对他人的关系才得到实现，人正是按照前三重异化的尺度来与他人进行相处的，从而使人和人之间发生异化。

总而言之，马克思从资本主义社会工人的现实处境出发，发现了"劳动"的实质：资本主义社会中的"劳动"不是国民经济学所说的一般性的人类劳动，它是一种与劳动者发生了异化的异化劳动。

---

① 《马克思恩格斯文集》（第 1 卷），人民出版社 2009 年版，第 160 页。
② 《马克思恩格斯文集》（第 1 卷），人民出版社 2009 年版，第 160 页。
③ 《马克思恩格斯文集》（第 1 卷），人民出版社 2009 年版，第 163 页。
④ 《马克思恩格斯文集》（第 1 卷），人民出版社 2009 年版，第 163 页。
⑤ 《马克思恩格斯文集》（第 1 卷），人民出版社 2009 年版，第 163 页。
⑥ 《马克思恩格斯文集》（第 1 卷），人民出版社 2009 年版，第 162—163 页。

与此同时，若从私有财产对异化劳动的关系这一视角来看，私有财产也决定了异化劳动的形成。

马克思认识了"劳动"的本质后指出，私有财产也决定了异化劳动，换言之，这四重异化的出现又是以私有财产为前提的。马克思认为外化劳动是私有财产运动的结果①，因为私有财产的存在产生了生产资料和劳动者的分离，产生资本家驱使下的工人活动，从而产生了异化劳动。因此，私有财产又是异化劳动的原因。

私有财产和异化劳动是互为因果的辩证关系。由上文可知，私有财产和异化劳动的关系不是决定与被决定的关系，而是一种处于过程中、互为因果的"生成与被生成"的辩证关系，对此可以结合《小逻辑》中"直接性""间接性""经过中介的直接性"三者的逻辑推演过程来辅助理解。正如黑格尔所强调的，构成事物实质的不是某一个环节，而是环节运动构成的辩证运动整体。因此，私有财产和异化劳动的关系不能用知性思维来解释，即不能够从 a—b 或者 b—a，而应强调事物运动的过程，即把 a、b 都放到过程中去理解。具体到私有财产和异化劳动的关系问题上，马克思在说到"私有财产一方面是外化劳动的产物，另一方面又是劳动借以外化的手段"②时，应明晰"相互作用"一语在此处的内涵。事实上，异化劳动本质上说明了私有财产的实现机制，由此"相互作用"并非循环论证，而是互为因果的辩证关系。具体而言，从私有财产的运动过程看，其实质就是异化劳动；从结果看，则是其运动形成了私有财产本身。从异化劳动的物化角度理解，是私有财产；而从异化劳动来理解私有财产，质言之，即把私有财产理解为能动的关系形式。由此可见，异化劳动和私有财产是从不同视角剖析私有财产的自身运动而得到的两种结果，二者共同说明了私有财产的实质。

---

① 《马克思恩格斯文集》（第1卷），人民出版社2009年版，第167页。
② 《马克思恩格斯文集》（第1卷），人民出版社2009年版，第133页。

总而言之，马克思从批判国民经济学的前提出发，驳斥了将工资、利润、地租三者分离是天经地义的错误，阐发了三者分离是由于发生了劳动异化，并通过考察劳动者异化劳动的四重异化，发现私有财产是由异化劳动生成的，由此得出私有财产的主体本质是劳动异化的结论。

三、共产主义：扬弃私有财产，消除异化劳动

得出"私有财产的主体本质是劳动异化"的结论后，马克思随即指出，私有财产必须扬弃，且这不是靠扬弃其"物"的形式就能实现的，而是必须通过扬弃形成私有财产的主体，即异化劳动本身。由此，马克思得出扬弃私有财产的途径：消除异化劳动，实现共产主义。

事实上，在马克思之前便已有古代共产主义主张和近代共产主义思想。古代共产主义主张从财富的占有状况来废除私有财产，近代共产主义因为看到了劳动是财产的源泉，提出了财富平均化的设想。但是，前述学说或者将私有财产看作与人自身相对立的"人之外的物"，或者虽指出了私有财产是人的劳动的产物，这还只是对私有财产最初的扬弃，"是私有财产的卑鄙性的一种表现形式"①，而未达到"作为主体的人的异化劳动的产物"的深度，因此过去的共产主义思想还是基于承认私有财产的前提，提出的一种表面、抽象的否定，因此都不是废除私有财产的正确途径。

导致上述观点错误的根源在于未能科学理解私有财产的本质。马克思批判地指出："最初，对私有财产只是从它的客体方面来考察……因此，它的存在形式就是'本身'应被消灭的资本。"这即是说，过去的共产主义不过从与人相对的"物"来理解私有财产，将其看作一种客体，要求私

---

① 《马克思恩格斯文集》（第1卷），人民出版社2009年版，第185页。

有财产关系的普遍化，即希望实现全社会的财富平均分配。马克思认为，这种共产主义是"对整个文明和文明的世界的抽象否定……这恰恰证明私有财产的这种扬弃不是真正的占有"①。未能正确认识私有财产的本质决定了找不到废除私有财产的正确道路。

基于对上述主张错误的剖析，马克思深入生产关系本身，具体、深入地理解了私有财产的实质，并提出"共产主义是对私有财产即人的自我异化的积极的扬弃"②，即真正的共产主义应该从历史上对异化劳动和私有财产本质的理解入手，从而认识私有财产的本质是"物"的外壳之下的人与人的生产关系。具体而言，马克思说，"共产主义是对私有财产即人的自我异化的积极的扬弃"，"是通过人并且为了人而对人的本质的真正占有"③，即私有财产问题的本质不在于私有财产本身，而在于造成私有财产的能动主体，由此对私有财产的占有从根本上来说就不再是对私有财产的占有，而是对人的本质的真正占有。换言之，要对私有财产真正扬弃，绝不仅是作为"物"的私有财产在表面的占有和分配问题，而应该是深入生产关系之下，展开为人的活动得到解放，从而使人的本质得到解放的过程，即共产主义是对私有财产即人的自我异化的积极的扬弃，因而是通过人并且为了人而对人的本质的真正占有，这是自觉实现的、合乎人性的完全的复归。概言之，正因为私有财产是异化劳动的物化表现，所以扬弃私有财产、实现共产主义的关键，就是基于对私有财产本质的认识，彻底废除私有财产，最终实现对人的自我异化的积极扬弃。

对异化劳动和私有财产关系的批判成为马克思拜物教批判理论的萌芽。因为，经过对异化劳动和私有财产关系的剖析，马克思解开了私有财产"物的外观"的秘密，认识到了私有财产的本质不是"物"，而是一种

---

① 《马克思恩格斯文集》（第1卷），人民出版社2009年版，第185页。
② 《马克思恩格斯文集》（第1卷），人民出版社2009年版，第185页。
③ 《马克思恩格斯文集》（第1卷），人民出版社2009年版，第185页。

异化劳动。换言之，私有财产的本质不在于"物"的形态，而是在于主体的异化，在于主体的劳动异化这种生产关系上。由此，对私有财产的扬弃并不是从"物"的形态上消除它（那只是一种粗鄙的共产主义），而是从生产关系的层面彻底消除它。对私有财产本质的科学认识，便形成了马克思拜物教批判理论的萌芽。

四、异化劳动批判的深刻意义

1. 驳斥了私有财产合法的观点，推进对私有财产本质的认识

对《手稿》的再审视，得以清晰呈现马克思基于生产关系层面科学揭示私有财产主体本质的过程，由此驳斥了私有财产合法的观点，有力推进了对私有财产本质的认识。

私有财产权问题是现代政治哲学的核心议题，而首先需要厘清的是私有财产概念本身的内涵实质。作为涉及经济学、政治学、哲学、法学等多学科的综合概念，引发了众多思想家的持续关注，如洛克、卢梭、亚当·斯密、康德、黑格尔等都曾从多角度对其本质展开深入持久的研究。概览上述思想家的私有财产本质观可以发现，尽管具体观点有所差异，但他们普遍把私有财产权看作劳动、人权、自由等一般概念的外在表现。

前述观点把私有财产当作具有普遍意义的人类理性的体现，误把私有财产看作永恒存在的概念，源于他们作为前提的方法论上出现了根本性错误。在对蒲鲁东《什么是财产》一书所做的批判中，马克思指出："这本书的缺点在它的标题上就已经表现出来了。问题提得非常错误……"[1] 所有的定义都"永远也不能包括充分发展的现象的各方面的联系"[2]，但是"蒲鲁东把这些经济关系的总和同'财产'（Lampropidété）这个一般的法律概

---

[1] 《马克思恩格斯全集》（第16卷），人民出版社1979年版，第30页。
[2] 《列宁选集》（第2卷），人民出版社1972年版，第808页。

念纠缠在一起……"^① 由此可知，要认识私有财产权的实质，"什么是财产"这种问法本身就是错的。事实上，不应将私有财产简单等同于劳动、人权、自由的表现，或看作一般的、抽象的法律概念，而应该看到这一概念所包括的各方面联系，即应基于经济关系的总和来认识其本质。

基于对错误私有财产观方法论的批判，马克思阐发了私有财产的主体本质是异化劳动，从而有力推进了对私有财产本质的认识，驳斥了私有财产合法的观点。如前所述，马克思已经看到，对于私有财产实质的认识，不能从法律意义而应基于其现实形态，即把财产所有权概念纳入生产关系从主体角度来认识，进而认识到其主体本质是异化劳动，由此揭示私有财产并非一个永恒而抽象的法权概念，而是一种历史性的生产关系。据此，马克思驳斥了资产阶级经济学家们并未深入探究商品同劳动者相异化问题，而只在得到"劳动是生产的灵魂"的结论后便匆匆确立私有财产的合法性。马克思则通过对导致私有财产的劳动的详细剖析，指出国民经济学家们只说对了一半——诚然私有财产是劳动的产物，但这种劳动并非一般意义上的、脱离历史存在的抽象的永恒劳动，而是一种异化劳动。有鉴于此，马克思驳斥了国民经济学私有财产本质观的根本错误，有力推进了对私有财产本质的认识，进而驳斥了私有财产合法的观点。

2. 进一步确证《手稿》的理论性质是成熟马克思的著作

上述论证进一步确证《手稿》的理论性质是一部成熟马克思的著作，"非马克思主义"观点站不住脚。

"非成熟马克思"观点指出，以《德意志意识形态》为界，此前马克思是费尔巴哈式的抽象人道主义者和历史唯心主义者，青年马克思的思考路径是人道主义层面的，后来马克思则通过对人道主义思考路径的彻底抛弃，采用新的思考路径产生出科学理论，即从《德意志意识形态》开始建

---

① 《马克思恩格斯全集》（第16卷），人民出版社1979年版，第30页。

立的科学历史观，由此马克思的思想便被分为两个根本对立的阶段：作为
意识形态批判的青年马克思的思想和作为科学的成熟时期的马克思思想。
这一观点在学界颇有代表性和影响力，持相似观点的学者有相当数量。如
有观点指出，支配《手稿》中马克思批判国民经济学框架的是费尔巴哈的
人本主义的类本质哲学，是从人的社会存在出发，通过人改造自然，生成
社会和自身的活动来发现、观察劳动，通过人本主义的哲学来实现共产主
义道路。① 还有观点认为，直到《评李斯特》时马克思还是人本主义哲学
范式。②

由前文可知，马克思理论探索和思想发展的核心线索是思考私有财产
"物的谜团"，其思想发展史便可被看作对私有财产的研究和批判史：马克
思正是通过对财产关系的持续探究，科学认识了私有财产的实质，从而为
历史确立了唯物主义的逻辑。有鉴于此，得以进一步确证《手稿》是一部
马克思主义著作。这是因为，马克思在《手稿》中说，对私有财产本质的
解释使得"至今没有解决的各种矛盾得到阐明"，这里的"矛盾"其实就
是对私有财产合法性问题的剖析。由此可知，事实上，异化劳动理论并非
马克思从人道主义角度对资本主义社会的劳动者进行"同情式说明"，而
是紧紧围绕"私有财产的本质是什么"这一核心问题意识进行探究所得的
理论成果。换言之，从根本上来说异化劳动理论是一个工具或途径，借助
这一工具，马克思对国民经济学的错误私有财产观进行了批判，从而批判
私有财产合法的观点。据此，异化劳动理论便不是人本主义的价值悬设，
而是马克思考察经济事实的理论表现。亦如有学者指出的那样，"不论从
历史和逻辑起点或者从实质（资本对劳动过程的支配）、生产结果（资本

① 毛加兴：《马克思的私有财产批判及其人本经济学的建构理路——〈1844年经济学哲学手稿〉
的政治经济学革命》，《北京行政学院学报》2018年第4期。
② 李鹏、姜海波：《〈1844年经济学哲学手稿〉中劳动概念辨析》，《哈尔滨学院学报》2014年
第11期。

对劳动结果的支配）、思想主旨和实践主题（无产阶级和人类的自由、发展和解放）来看，马克思的思想都是连贯而一致的"，"其与后来的资本批判理论在本质上是一致的"①。总而言之，《手稿》时期，马克思的问题意识、提问方式和批判方式都已是一种唯物主义的思考和批判方式，其理论性质的内核是唯物主义的了，故认为马克思此时思想是抽象人本主义的观点不能成立。

不过，有一问题的确需要被说明，即如何理解《手稿》中异化、外化、对象化等类似人本主义性质的概念的大量运用？事实上，《手稿》时期，马克思尽管发现了劳动和财产之间存在矛盾，揭示了资本主义生产方式下的劳动是异化劳动，但并不清楚这种异化劳动的本质和起源，故此时马克思对劳动和财产的矛盾还只能用异化劳动这一没有历史性的概念较笼统地说明。质言之，当马克思处在政治经济学初步研究阶段，其政治经济学体系还未建立时，尚不能提出科学术语，还只能借助哲学语言来表达自己的思想，故不得不运用异化劳动概念来阐发其和私有财产的辩证关系。而到马克思的思想后期，他确立了"价值"概念的科学内涵，这是比"异化劳动"更加精细、确切的概念。借助"价值"概念，马克思进一步厘清了异化劳动的实质是不能够直接得到劳动的补偿，而是必须等到被交换出去才能得到补偿的劳动，由此完整而系统地揭示出资本主义生产方式矛盾本质的生成过程，根本地揭露了资本主义生产方式矛盾。故此后马克思不再用"异化劳动"概念。有鉴于此，可以认为《手稿》中使用异化、外化、对象化等概念并不说明彼时的马克思思想性质是人本主义的。

---

① 孙熙国、尉浩：《论马克思异化劳动理论与资本批判理论的统一——〈1844 年经济学哲学手稿〉与〈资本论〉比较研究》，《中国高校社会科学》2014 年第 4 期。

第三节 《穆勒评注》：
从劳动异化批判到拜物教批判

要彻底认识资本主义社会私有财产，完整把握其根本内涵，还需对私有财产进行历史分析，即剖析私有财产在历史中的生成过程，从历史生成和主体本质两方面共同揭示私有财产的本质，才能完全解开私有财产"物"形态的秘密。马克思在《穆勒评注》（以下简称《评注》）中完成了这一理论任务。基于《手稿》中对私有财产主体本质的揭示，马克思在《评注》中批判了英国国民经济学家的错误货币观及其方法论，运用辩证法揭示了货币是历史性概念，将货币本质聚焦到对"价值"范畴的理解上，指出货币本质是"价值"的承载物，资本主义生产是价值生产。本节首先探究揭示私有财产历史起源的必要性，其次阐释马克思通过对私有财产的历史性考察，发现"价值"概念科学内涵，进而实现对私有财产实质的科学认识，最后阐发解开私有财产"物"形态的秘密的重要意义。

一、前置性问题：《手稿》的"未完成"与《评注》问题意识的缘起

问题需从《手稿》中一处"未完成问题"说起。在《手稿》结尾，有这样一段话："我们已经承认劳动的异化、劳动的外化这个事实，并对这一事实进行了分析。现在要问，人是怎样使自己的劳动外化、异化的？这种异化又是怎样由人的发展的本质引起的？"① 据此可知，仅仅认识异化劳动

---

① 《马克思恩格斯文集》（第 1 卷），人民出版社 2009 年版，第 155 页。

范畴的内容本身是不够的，还需对其形成过程做进一步解读，才能对货币本质之谜进行历史唯物主义的解读，因而有必要回溯《手稿》中的"已解决"与"未完成"问题。

众所周知，在《手稿》中，马克思揭示出私有财产的本质并非古典政治经济学家们所认为的"物"，也不是一般意义上的劳动，而是一种发生异化的劳动。不过，认识仅止于仍未完成。这是因为，对于一事物的认识，除了认识其主体本质，还需对其进行历史考察。换言之，要认识私有财产的本质，除了认识其主体本质是异化劳动，还需进一步对这种异化劳动作出历史的考察，即考察这种异化是如何发生的，考察劳动者是怎样使自己的劳动外化、异化的。

这一逻辑运思过程，可通过"对人的本质的认识"一例辅助理解。要认识人，除了认识人的主体本质，还需要将"人"这一范畴放在更一般的"类"范畴视野下加以考察，即对灵长类动物的起源与发展脉络的梳理，在更广阔的视野中把握"人类"是如何来的，即对人进行历史考察。要言之，对人的本质的认识，与其说是在认识人"是"什么，不如说是通过考察人的生成史，认识人是何以形成的。

对私有财产本质的剖析亦然。与其认为是在探索私有财产的本质是什么，不如说是要厘清私有财产是如何形成的，即考察私有财产的形成史，通过梳理异化劳动历史起源和发展脉络，追溯私有财产是在什么样的历史契机下、发生了何种飞跃而形成。质言之，只有从主体本质和历史起源过程两方面共同揭示资本主义特定劳动方式的特征，才能理解私有财产的本质。进一步而言，马克思写《手稿》时，已清晰意识到他对私有财产的考察是未完成的状态，且提出了下一步研究的思路。这是因为，在《手稿》上述文段之后，马克思紧接着说道："我们把私有财产的起源问题变为外化劳动对人类发展进程的关系问题，就已经为解决这一任务得到了许多东西……问题的这种新的提法本身就已包含问题的解决。"① 这表明，马克思彼时已经意识到，异化劳动是历史的产物。资本主义劳动方式是一种特定的劳动方式，而要科学理解私有财产范畴，还需对异化劳动范畴的历史起源和发展实现进一步剖析与梳理，也就是要在更广阔的历史发展脉络中认识异化劳动，才得以根本地解开私有财产的秘密。

由此可知，《手稿》的异化劳动理论还只是从历史现象层面认识私有财产的主体本质，要认识私有财产的实质，还需要从历史生成角度加以剖析。最终需从主体本质和历史生成两方面才能实现对私有财产的完整认识——这便是《手稿》"未完成"的任务。基于这种"未完成"，马克思明晰了自己下一步的理论任务：对私有财产进行历史考察。这一任务是在《评注》中完成的。

二、《评注》对国民经济学货币本质观的批判

1. 从私有财产到货币形式的聚焦

在《评注》中，马克思对《手稿》的"未完成"进行考察，并聚焦到考察私有财产的货币形式。马克思指出："（资本主义社会中——笔者注）私有财产对私有财产的社会关系已经是这样一种关系，在这种关系中私有财产是自身异化了的。因此，这种关系的独立存在，即货币，是私有财产的外化，是排除了私有财产特殊个性的抽象。"② 从这句话可以推导出如下两重含义：第一，此处马克思将问题进一步聚焦到私有财产的外化形式——货币上。第二，"已经是这样一种关系"表明马克思此时已经认识到私有财产是具有历史形式的，因而要有意识地区分其历史形式。要言之，对私有财产本质的探索，需对私有财产的特定历史形式展开剖析。

---

① 《马克思恩格斯文集》（第 1 卷），人民出版社 2009 年版，第 155 页。
② 《马克思恩格斯全集》（第 42 卷），人民出版社 1979 年版，第 22 页。

上述发现表明，要想彻底说明资本主义私有财产的特性，就必须考察私有财产的形成史，即异化劳动的形成史。这是因为，人类劳动并非一开始就是异化劳动，而是因为劳动方式的历史变化才导致异化劳动的形成。于是问题便聚焦到对"劳动方式及其历史变迁"的剖析中来。这也呼应了上文《手稿》中的未完成的理论任务。基于此，对私有财产本质之谜的探索进一步聚焦到对货币本质的探究，即对货币所承载的特定劳动方式的考察上。

2. 国民经济学对货币本质之谜的解答及其局限

马克思对货币本质的剖析，始于对国民经济学货币本质观的批判。国民经济学的核心观点认为，货币是交换媒介，是"为了实现其他两种商品之间的交换，首先在同其中一种商品交换时获得它，随后在同另外一种商品交换时把它付出去"[①]。换言之，货币是一种交换媒介，其价值由偶然性决定。货币价值由交换时的比例确定，"货币的价值等于货币同另外的商品进行交换的比例，或者在同一定量的其他东西交换时付出的货币量"[②]。概言之，资产阶级经济学家认为货币作为一种交换媒介，其最终价值取决于其运动过程的偶然性。

对于国民经济学家的观点，马克思指出这同货币主义本质上没有区别。首先，国民经济学抽取了知性独断的内容，并将其当作事物的本质，"在货币本质的抽象性和普遍性中把握货币本质"[③]，其结论必然是对现实的歪曲。马克思批判道："在谈到货币和金属价值的这种平衡并把生产费用作为决定价值的唯一因素来描述时，穆勒——完全和李嘉图学派一样——犯了这样的错误：在表述抽象规律的时候忽视了这种规律的变化或不断扬弃。"[④]可见，穆勒认为货币本身只是一个无足轻重的中介，从而将货币价

---

① 《马克思恩格斯全集》(第42卷)，人民出版社1979年版，第16页。
② 《马克思恩格斯全集》(第42卷)，人民出版社1979年版，第16页。
③ 《马克思恩格斯全集》(第42卷)，人民出版社1979年版，第21页。
④ 《马克思恩格斯全集》(第42卷)，人民出版社1979年版，第18页。

值归结为由生产费用决定。该种思维方式只把一个方面断定为规律，另一个方面则断为从属条件，看作达到规律的中介、条件、过程。这未能揭示中介自身的独立意义，由此现实运动的任何一方面都可能被判定为是合规律的；相对应地，则把另一方面判定为不合规律的、偶然发生的。这样一来，国民经济学对货币本质的认识是偶然、抽象、非现实的。正是在这个意义上，马克思认为，现代国民经济学和货币主义本质上对货币的理解都是错误的，区别只在于，货币主义是在感性形态上把握货币本质，而现代国民经济学是在货币本质的抽象性和普遍性中把握货币本质的，这"不过是用精致的盲目信仰代替粗糙的盲目信仰"①。

进一步而言，国民经济学的错误根源在于：缺失辩证法而导致了知性独断的方法论。"国民经济学的真正规律是偶然性，我们这些学者可以从这种偶然性的运动中任意地把某些因素固定在规律的形式中"②，国民经济学把现实运动的一个必然的、本质环节理解为偶性、非本质的东西。它把过程都看作达到供需平衡的中介、条件。国民经济学的方法只能表达现实运动的一个方面，从而把一个方面断定为规律，而把另一个断定为从属条件，被看作达到规律的中介、条件、过程，而没有揭示其自身的独立意义，所以国民经济学家的思维方式就是偶然性。在这种思维方式下，现实运动的任何一方面都可能被判定为是合规律的，另一方面被判定为偶然。因此，国民经济学把握不住事物内部的合乎辩证逻辑的必然性、包含对立面的统一的必然，也就表达不了货币运动的真实过程，"能够把这整个发展只作为某种事实，作为偶然需要的产物来把握"③。事实上，事物运动的确会达到平衡，但是达到平衡后也必然表现为不平衡。这是因为，不平衡状态绝不仅仅是达到平衡的中介，其本身就是实现价值的条件，平衡状态

---

① 《马克思恩格斯全集》（第42卷），人民出版社1979年版，第30页。
② 《马克思恩格斯全集》（第42卷），人民出版社1979年版，第18页。
③ 《马克思恩格斯全集》（第42卷），人民出版社1979年版，第19页。

亦将进一步运动，从而表现为不平衡。因此，在描述其规律时绝不能够把它当作不重要的东西抽掉，只有这样才能够描述商品的内在矛盾运动。质言之，认为货币规律由外部偶然性决定，这是知性独断的思维方式导致的错误观念。

三、《评注》对货币本质之谜的唯物主义解答

1. 货币本质的科学方法是辩证法

从上述国民经济学家的方法论错误可知，要实现对货币范畴的根本理解，必须摒弃知性独断论的错误方法，而运用辩证的方法，据此才能准确把握货币的真实运动过程。

"抽象规律正是通过变化和不断扬弃才得以实现的"[1]，辩证法的核心要义在于阐发主体经由中介而被生成的过程，因而要把握住事物内部的合乎辩证逻辑的必然性、包含对立面的统一的必然性，必然要借助中介概念。为了更形象地说明中介概念和辩证方法，可用耶稣见上帝的例子打比方。首先，耶稣本来与常人一样，都是普通人。其次，耶稣和上帝打了交道。此时上帝是主体，耶稣是客体。但是，通过与上帝接触，耶稣获得了上帝的主体属性，这个中介过程使得上帝的主体性就表现在耶稣的身上，耶稣身上具有了上帝的属性，他成了主体，成为有神性的人。最后，耶稣回到人间，此时他就是上帝的化身了。可见，在一开始，耶稣和常人都一样，上帝是主体，耶稣不过是客体。但在经过"（1）上帝面前的人；（2）人面前的上帝；（3）人面前的人"[2]三步，通过和上帝打交道的中介过程，耶稣成了上帝的化身。由此耶稣变得和其他人不一样，成了神人。

耶稣一例说明，客体通过中介运动过程获得主体属性，且主体性不断

---

[1] 《马克思恩格斯全集》（第42卷），人民出版社1979年版，第19页。
[2] 《马克思恩格斯全集》（第42卷），人民出版社1979年版，第19页。

加强，最终自己变成主体，此即事物的辩证运动过程。货币运动过程也是如此。货币运动过程经历了"为了私有财产的私有财产"——"为了私有财产的社会"——"社会的私有财产"①三步。首先，货币是客体，其作用是表现商品的价值。其次，货币因为表现商品的价值，货币自身具有了主体性。最后，货币成了主体本身。由此，货币经过中介过程，从"作为手段的目的"变为"作为目的的目的"：本来是客体的货币，因为表现了价值，最终摇身一变成为主体，成为价值本身。可见，货币的实际运动过程就是货币作为中介，从中介者最终转化成为具有主导性支配者的过程。

2. 价值范畴的析出与货币本质之谜的解答

基于对货币辩证运动过程的剖析，进一步对货币本质进行唯物主义解读，将问题聚焦到对价值范畴的理解。

首先，要理解货币本质，需要剖析价值范畴的实质。"私有财产发展到货币，根源就在于人作为喜爱交往的存在物，必然发展到交换，而交换又进一步必然发展到价值。其实，进行交换活动的人的中介运动不是社会的、人的运动，不是人的关系，它是私有财产对私有财产的抽象的关系，而这种抽象的关系是价值。货币才是作为价值的现实存在"②，货币之所以会出现，根源在于人们的交换必然发展到价值，它成为价值的承载物，故理解货币的实质需剖析价值范畴。

进一步地，价值生产是一种社会性的生产，而这种生产导致了生产者的劳动沦为谋生劳动。"**产品是作为价值，作为交换价值，作为等价物**（字体加粗为马克思所作——笔者注）来生产的，不再是为了它同生产者直接的个人关系而生产的。生产越是多方面的，就是说，一方面，需要越是多方面的；另一方面，生产者完成的制品越是单方面的，他的劳动就越是陷入谋生劳动的范畴，直到最后他的劳动的意义仅仅归于谋生的劳动并

---

① 《马克思恩格斯全集》（第42卷），人民出版社1979年版，第19页。
② 《马克思恩格斯全集》（第42卷），人民出版社1979年版，第19页。

成为完全偶然的和非本质的，而不论生产者同他的产品是否有直接消费和个人需要的关系。"① 可见，价值与资本主义生产的社会性特征相关，且这种特征导致了生产者的劳动沦为谋生劳动。进一步而言，马克思深入分析了这种谋生劳动的特点。在谋生的劳动中包含着：劳动对劳动主体的异化和偶然联系；劳动对劳动对象的异化和偶然联系；工人的使命决定于社会需要，但是社会需要是同他格格不入的，是一种强制；对工人来说，维持工人的个人生存表现为他的活动的目的，而他现实的行动只具有手段的意义，他活着只是为了谋取生活资料。质言之，在资本主义生产方式下，生产是作为价值的生产，而这种生产的特点导致工人的生产成为异己的存在，最终与生产者自身发展相悖，"在私有权关系的范围内，社会的权力越大，越多样化，人就变得越利己，越没有社会性，越同自己固有的本质相异化"②。

综上所述，马克思运用辩证法，首先批判国民经济学家的错误货币观，揭示其错误在于知性的方法论上，其次指出货币是一个历史性范畴，最后将货币本质聚焦到对"价值"范畴的理解上，由此表明，货币本质是"价值"的承载物，正是"价值生产"导致了生产者的异化。要言之，对货币真实运动过程的分析，证明资本主义条件下的生产是作为价值的生产，这种生产具有社会化特征并最终导致生产者的异化。

四、《评注》探讨货币本质之谜的思想价值

对《评注》中探索货币本质之谜的考察，有助于理解马克思对私有财产概念的"术语革命"，为揭开货币本质奠定思想基础，还对界定马克思早期思想性质具有重要意义。

---

① 《马克思恩格斯全集》（第42卷），人民出版社1979年版，第19页。
② 《马克思恩格斯全集》（第42卷），人民出版社1979年版，第19页。

1. 体现马克思对私有财产范畴的"术语的革命"

"一门科学提出的每一种新见解都包含这门科学的术语的革命。"①众所周知，私有财产是涉及多学科的综合性概念，古往今来的思想家从经济学、政治学、哲学、法学等多领域对其展开过深入研究。对此，马克思指出他们误把私有财产当作具有普遍意义的人类理性的体现，从而看作永恒存在的概念。在《评注》中，马克思则突破从法权维度而首次从生产关系角度界定私有财产本质，体现了马克思对私有财产范畴的"术语的革命"。

对私有财产范畴进行"术语的革命"本质是方法论的革命。《评注》对货币本质的探究表明，马克思并不是从法律的总和意义来理解私有财产范畴，而是基于其现实形态，从生产关系角度来认识私有财产。"定义本身永远也不能包括充分发展的现象的各方面的联系"②，马克思通过对私有财产这一概念的前提进行考察，指出不应把私有财产看作劳动、人权、自由的表现，其自身具有一系列历史形式，故应将其纳入生产关系之中，发现其本质与社会劳动方式的历史性质相关。由此，马克思突破了基于法权层面来理解私有财产权的视角，转而深入生产关系层面。

马克思对私有财产历史演化过程的完整认识，揭示了过往思想史的虚假认识，实现了对私有财产本质的科学认识。

2. 把对货币本质的认识聚集到"价值"范畴，为解开货币本质之谜奠定基础

《评注》认识到货币本质与价值范畴有关，并指出"如何更详细地规定这个价值以及这个价值如何成为价格，应当在其他地方加以探讨"③，以此为基础，在后来的《手稿》中马克思考察了价值范畴的科学内涵，由此

---

① 《资本论》（第一卷），人民出版社 2004 年版，第 32 页。
② 《列宁选集》（第 2 卷），人民出版社 1972 年版，第 808 页。
③ 《马克思恩格斯全集》（第 42 卷），人民出版社 1979 年版，第 19 页。

科学揭示出货币本质。

在《手稿》中，马克思分析了生产商品的劳动，即对商品生产阶段之前的劳动方式、商品生产阶段的劳动方式、商品生产阶段之后的劳动方式分别进行考察，历史地揭示出"生产商品的劳动"承载的社会关系的具体内容和历史特征。具体而言，依据劳动结合的疏密程度，商品生产阶段之前、商品生产阶段和商品生产阶段之后的劳动方式按其核心特征可依次命名为家庭内部劳动、企业结合劳动和社会联合劳动。在商品生产阶段之前，劳动结合程度极其松散，而在未来社会劳动方式结合极其紧密，家庭内部劳动与社会联合劳动都能够不经过中介直接得到实现。介于家庭内部劳动和社会联合劳动之间的劳动方式，可命名为"企业结合劳动"。在企业结合劳动这一生产方式下，私人劳动的特殊社会性质决定了劳动必须通过交换才得以实现上述过程。而"要转化为社会劳动但尚不能直接转化"的劳动，或"具有社会性的私人劳动"，必然要通过一个中介来表现自身——这一中介就是"价值"。换言之，资本主义生产方式下"具有社会性的私人劳动"必然表现为"价值"。如马克思所指出的，价值形式作为最抽象也最一般的形式，"使资产阶级生产方式成为一种特殊的社会生产类型，因而同时具有历史的特征"①。质言之，价值是资本主义生产方式下"具有社会性的私人劳动"的必然表现形式，这是劳动和产品互相交换的普遍中介。

随后，马克思揭示了价值的存在方式——价值形式的运动过程，以及它将发展为货币形式。价值自身不能存在，而是通过价值形式的运动存在和表现的。价值形式的运动有两步：第一步，价值形式经过"简单价值形式—扩大的价值形式——一般价值形式"，使其必然表现为商品。第二步，在商品出现后，价值形式运动并未就此结束，一般等价形式还会继续发

---

① 《资本论》（第一卷），人民出版社 1979 年版，第 99 页。

展，所有商品会自动寻找一种便于交换的商品来作为等价物，经过商品世界的内部竞争，最终"所有商品互相排挤得只剩下一种商品时，等价形式同这种独特商品的自然形式结合在一起"①——这一商品就是货币，一般价值形式便发展为货币形式。由此可知，货币的产生过程就是价值形式经过自行运动最终发展为货币形式的结果，其本质依旧是"等待着被转化为社会劳动的私人劳动"，即人与人的劳动关系。质言之，货币是资本主义社会这一特殊历史阶段下"生产价值的劳动"的表现。

综上所述，正是以《评注》中价值范畴的发现为基础，马克思才得以在后来彻底解开价值范畴的实质，揭示"价值"是资本主义商品生产的必然产物，货币"物"外衣下的本质是"需要被迂回表现的劳动时间"，由此解开了货币之谜。

3. 确证马克思早期思想的唯物主义内核

《评注》中对货币本质的探索，还表明马克思彼时的问题意识围绕私有财产"物的谜团"展开，其思想内核已是唯物主义，故不存在"认识论断裂"。

马克思的思想轨迹可概括为："宗教异化批判—财产异化批判—劳动异化批判—拜物教批判。"具体而言，首先马克思基于对物质利益难题引发苦恼，经由《论犹太人问题》批判宗教异化开始关注市民社会并聚焦到财产关系，随后就财产问题开展政治经济学研究，在《手稿》中剖析财产异化的主体本质是异化劳动；在《评注》则进一步追溯异化劳动的历史特性，指出异化劳动是"生产价值的劳动"。至此，马克思彼时的问题意识是对资本主义私有财产的认识，而这种认识方法其内核是唯物主义的。至于为何马克思早期使用异化劳动等概念，这是因为彼时马克思还未能深入政治经济学研究，仍不得不借助哲学范畴对政治经济学问题进行阐释。但

---

① 《资本论》（第一卷），人民出版社 2004 年版，第 86 页。

这不能否认，彼时其思想内核已是唯物主义的。因此，"对私有财产范畴的探究"这一唯物主义的内核，串起了马克思思想逻辑发展的链条，这一链条一以贯之在唯物主义的轨道上，不存在"认识论断裂"。

综上所述，通过考察《评注》中马克思对货币本质之谜的历史唯物主义剖析，揭示马克思运用辩证法科学揭示出货币作为一个历史性范畴，是"价值"的承载物，故对其本质的解读应该聚焦到对价值范畴的理解上。这有助于理解马克思对私有财产范畴的"术语革命"，为彻底解开货币本质之谜奠定思想基础，还确证了马克思早期思想的唯物主义性质。

至此，本章分析了马克思拜物教批判理论的形成过程，并将这一过程的逻辑脉络用"宗教异化批判—财产异化批判—劳动异化批判—拜物教批判"的链条表示。具体而言，马克思在《论犹太人问题》中关注到财产异化问题，进而在《手稿》中剖析财产异化的本质是异化劳动，并在《评注》中进一步追溯异化劳动的历史特性，指出异化劳动在资本主义社会的实质是生产价值的劳动。由此马克思科学认识了资本主义私有财产实质，并形成对"物"的秘密的揭示：私有财产本质上不是"物"，而是一种生产关系。这一认识具有重大意义，首先，它突破传统观点对私有财产的法权意义界定，而首次从生产关系角度科学理解私有财产；其次，马克思将辩证法贯彻到历史领域，创立了科学历史观，形成了重要的方法论意义；最后，对私有财产本质的科学认识，有力地论证了马克思思想一直在剖析私有财产的"物"的秘密这一轨道上运行，故并不存在认识论断裂。

揭示了私有财产"物"外观掩盖的实质、实现对私有财产本质的科学认识后，马克思依循历史与逻辑相统一的方法，按"商品—货币—资本"的逻辑线索对商品拜物教、货币拜物教、资本拜物教展开了全面批判。

第三章

马克思商品、货币拜物教批判的一重维度：对商品、货币物化性质的客观性质的揭示

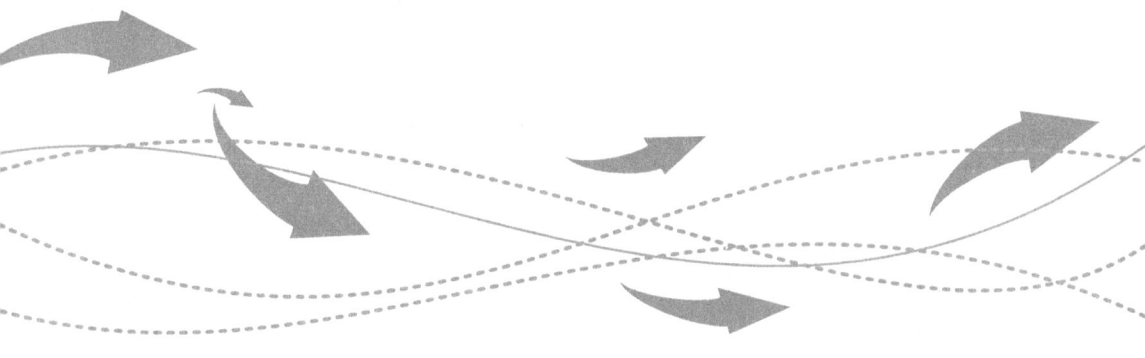

马克思对拜物教的系统批判从商品拜物教开始，随后剖析了更加炫目的货币拜物教，进而批判了拜物教的更高发展形态——资本拜物教。因此，解开拜物教之谜的逻辑进路为：商品拜物教—货币拜物教—资本拜物教。本章基于马克思的价值形式理论，一方面，阐发马克思对商品拜物教的批判逻辑，另一方面，基于"货币拜物教的谜就是商品拜物教的谜，只不过变得明显了、耀眼了"[1]，阐发马克思货币拜物教批判的逻辑进路，为后文剖析资本拜物教奠定基础。

第一节　马克思揭示商品物化性质的逻辑理路

拜物教批判理论是马克思分析资本主义生产方式的基本矛盾运动、揭开资本主义生产方式秘密的重要内容，是理解马克思理论内核与思想实质的重要一环，因而在马克思理论体系中具有举足轻重的地位。但是从马克思拜物教批判理论的研究现状看，学界部分学者对这一理论的认识与马克思的理论旨归之间存在一定差距。具体而言，目前学界对马克思拜物教批判理论实质的一种常见解读可概括为"社会关系物化说"，即认为马克思商品拜物教批判的实质是对"商品这一'物'是人与人的社会关系的颠倒"这一客观事实的批判[2]。但是，"社会关系物化说"忽视了一个重要问题：人与人的社会关系为何必然颠倒地表现为"物"的关系。换言之，这

---

① 《资本论》（第一卷），人民出版社 2004 年版，第 113 页。
② 参见杨淑静：《商品问题与〈资本论〉解读史上的三段公案》，《哲学研究》2018 年第 11 期；汪行福：《从商品拜物教到犬儒主义——齐泽克意识形态论研究》，《马克思主义与现实》2007 年第 3 期；王国坛、郭斯文：《马克思对商品拜物教的批判》，《辽宁省社会主义学院学报》2019 年第 3 期；肖炜静：《Fetishism：幻象的替代性占有与无止境追寻——"拜物教""恋物癖"学理关系考察》，《湖北大学学报（哲学社会科学版）》2018 年第 6 期等。

种颠倒的发生逻辑究竟是什么？若不能清楚地回答这个问题，则很难对马克思的商品拜物教批判形成完整而准确的认识。因此，必须厘清马克思商品拜物教批判的逻辑理路，即看到马克思对商品拜物教的批判不是简单地批判"商品拜物教"这样一种观念上层建筑（社会意识形式），而是对产生这一观念上层建筑的经济基础的批判。因此，理解马克思对商品拜物教的批判不能仅仅停留在社会意识层面，而必须深入社会存在层面，深入产生商品拜物教的物质生产和生活当中。只有如此，才能发现马克思揭露资本主义社会生产的实质，乃至整个资本主义社会运动发展的问题、矛盾、趋势和归宿。

循此思路，马克思对商品拜物教的批判具有二重维度：一是资本主义生产方式下的物化性质的批判，二是对商品拜物教作为一种观念上层建筑的批判。其中第一重维度包含两个环节：第一个环节是资本主义生产方式下的劳动必然表现为"价值"，由此表明商品本质上是一定历史阶段的劳动方式矛盾的产物；第二个环节是价值经过自身的形式运动使得人与人的社会关系必然表现为商品体的"物"与"物"的关系，由此人的关系被颠倒成"物"的关系，形成物化假象。第二重维度是将商品的物化假象误认为商品体自身万能，由此导致对商品的崇拜和迷恋，最终形成商品拜物教。

一、第一个环节：对商品生产劳动的剖析

商品拜物教的实质是人与人的关系在资本主义商品的生产、交换、分配和消费过程中转化为"物"与"物"的关系，由此人与人的关系被歪曲地表现为"物"的关系。但是，人与人的关系为什么必然转化为"物"与"物"的关系呢？换言之，这一"必然的歪曲表现"其发生的内在机理是什么？若依循马克思批判商品拜物教论的论证逻辑可知，这一问题与资本

主义社会的劳动方式紧密相关。质言之，要完整理解商品拜物教，思考的逻辑起点应该是生产商品的劳动。这样一来，就需要先还原生产商品的劳动的历史形成过程，从而分析生产商品的劳动，即对商品生产阶段之前的劳动方式、商品生产阶段的劳动方式、商品生产阶段之后的劳动方式分别进行考察，通过对比，历史地揭示生产商品的劳动承载的社会关系的具体内容和历史特征。

依据劳动结合的疏密程度，商品生产阶段之前的劳动方式、商品生产阶段的劳动方式和商品生产阶段之后的劳动方式，按其核心特征，可依次将其命名为：家庭内部劳动、企业结合劳动和社会联合劳动。

在商品生产阶段之前，劳动结合程度极其松散，这一阶段的劳动方式可命名为"家庭内部劳动"，其本质特征是"私人组织的私人劳动"，即这种劳动是自给自足、完全个体性的，这可以从劳动目的、劳动组织方式、生产内容方面得到体现。首先，从劳动目的来看，家庭内部劳动的目的是满足家庭成员自己的需求。其次，从劳动组织方式来看，家庭结合劳动的组织基础是基于血缘共同体为单位的家庭，因而这种劳动是家庭成员内部相结合的劳动，整个生产过程无须依赖别人。最后，从生产内容来看，各家庭的生产内容高度雷同，不需要有机的分工。这样一来，"包含在产品中的劳动就没有必要表现为社会劳动"①，而"人们在劳动中的社会关系始终表现为他们本身之间的个人的关系"②。质言之，家庭内部就完成了从劳动生产到产品消费的全部过程。

和家庭内部劳动恰好相反，未来社会的劳动结合程度将极为紧密，这一阶段的劳动方式可命名为"社会联合劳动"，其本质特征是"社会组织的社会劳动"，它直接就是社会劳动。具体而言，在社会联合劳动之下，个体的劳动不再需要经过中介而迂回地存在，直接就是社会总劳动的组成

---

① 《剩余价值学说史》，人民出版社 1975 年版，第 155 页。
② 《资本论》（第一卷），人民出版社 2004 年版，第 95 页。

部分。① 具体来看，在各特殊个人、部门、工厂的劳动发生之前，劳动已直接成为社会总劳动的一部分，具有直接的社会性，因此可直接得到社会的承认。综上可知，在劳动结合程度最松散的家庭内部劳动和劳动结合程度最紧密的社会联合劳动之中，前者的劳动是直接个体性的，后者的劳动直接表现为社会劳动，劳动都不需要任何中介环节，就能够得以直接实现。

当劳动紧密程度突破了家庭内部劳动，却又还未到达社会联合劳动时，劳动方式却出现了矛盾。介于家庭内部劳动和社会联合劳动之间的劳动方式，可命名为"企业结合劳动"，其本质特征是"私人组织的社会劳动"，换言之，是"等待着转换成社会劳动的私人劳动"。在企业结合劳动之下，劳动依然是私人组织的，但与家庭内部劳动相比，它不是直接个体性的私人劳动，而是"等待着成为社会劳动的私人劳动"，这可以从生产组织、劳动的实现方式、再生产的循环等方面得到体现。首先，从产品的生产组织过程来说，工业部门不断分化，这使企业的生产片面化、产品单一化，每个企业只需要生产极为有限种类的产品。列宁曾对这种劳动方式的生产过程做出如下描述："这里……一人为大家工作，大家为一人工作。"如果一个非常专业化的工业部门停工了，那么社会其余企业就一定会停工。② 可见，产品的生产组织过程需要借助全社会力量才能实现，由此劳动发生全面的依赖关系。其次，从劳动的实现方式来看，这种劳动最终必须通过与社会的交换、得到社会的认可才能实现自身。最后，从再生产的循环来说，各个部门都不能独立把自身的存在条件再生产出来，而必须依赖其他部分、依赖社会总体才能再生产自己，即只有靠其他部门吸收自己的产品并提供自己所需要的产品，才能完成再生产的循环。总而言之，在企业结合劳动方式下，出现了私人劳动和社会劳动的区分，即此时

---

① 《马克思恩格斯全集》（第25卷），人民出版社1979年版，第18页。
② 《列宁短篇哲学著作集》，人民出版社1993年版，第43页。

的劳动尽管依然由私人组织生产，但它却是"等待着成为社会劳动的私人劳动"，这意味着它必须通过社会交换才能够顺利完成从生产到消费的全部过程。

通过对家庭内部劳动、社会联合劳动、企业结合劳动的分析可知，前两者的劳动具有直接社会性，劳动都不需要任何中介环节而直接得以顺利实现从生产到消费的全部过程，而在企业结合劳动这一生产方式下，私人劳动的特殊社会性质决定了劳动必须通过交换才得以实现上述过程。而"要转化为社会劳动但尚不能直接转化"的劳动，或"具有社会性的私人劳动"，则必然要通过一个中介来表现自身——这一中介就是"价值"。换言之，资本主义生产方式下"具有社会性的私人劳动"必然表现为"价值"。正如马克思所指出的，价值形式作为最抽象也最一般的形式，"使资产阶级生产方式成为一种特殊的社会生产类型，因而同时具有历史的特征"①。质言之，价值是资本主义生产方式下"具有社会性的私人劳动"的必然表现形式，这是劳动和产品互相交换的普遍中介。

如果剖析空想社会主义者试图用劳动券取代货币的方案，将更加明显地体现出价值的本质与意义。以达里蒙、欧文为代表的空想社会主义者试图用劳动券来取代货币。具体而言，他们认为当产品生产出来以后，把生产所花的时间直接标注在纸券上，并将其命名为"劳动券"，然后直接用劳动券进行产品的社会交换，便能够不经过货币而直接实现劳动的社会化。然而，这种方案只是一种乌托邦。若采取小时券直接表现劳动时间，则必须有一个直接的中央计划机关来收购产品，这样才能让私人劳动和社会劳动的矛盾得以消除，从而直接确证和实现劳动的社会性。但由前文的分析可知，资本主义生产方式其自身的历史特征决定了劳动必然通过中介（即价值）才能使得私人劳动得到社会的确证。由此表明，

---

① 《资本论》（第一卷），人民出版社 2004 年版，第 99 页。

劳动券观点就是一种乌托邦的幻想。对劳动券理论的驳斥也就进一步说明了价值的实质："要转化为社会劳动但尚未能直接算作社会劳动"的劳动，即包含着"私人劳动要向社会劳动转化"的内在矛盾的劳动，或者是"具有社会性的私人劳动"，必然通过一个中介来表现，这个中介就是"价值"，换言之，资本主义劳动方式的性质决定了这一时代的劳动必然表现为价值。

证明了"劳动必然表现为价值"，同时也说明对价值概念的一般理解是有待进一步完善的。学界对价值的一般定义是"无差别的人类劳动"，通过前文分析可知，价值概念要从"一种具有历史性的生产方式"角度才能得到完整的理解。然而价值的传统定义——"无差别的人类劳动"却并未体现出"劳动的历史性"这一层内涵，由此表明对价值概念的认识需要进一步完善，即需要对人类劳动进行历史性分析，认识到价值是生产商品的劳动的必然表现方式。

总而言之，商品拜物教在资本主义生产方式之上得到了系统的发展，这首先表现为资本主义商品生产阶段中对商品价值的崇拜。这是因为，要实现从商品生产到消费的过程，其中的重要环节便是商品价值的实现，换言之，价值成为完成资本主义商品生产的扭结。正是在这个意义上，我们说资本主义生产方式下的商品生产劳动表现为"价值"。质言之，必须经过价值这一中介，才能完成从生产到消费的全过程，由此形成马克思批判商品拜物教的第一个逻辑环节。

二、第二个环节：人与人的关系必然表现为"物"与"物"的关系

价值是如何呈现自身的呢？马克思指出这与"价值形式"概念有关：

价值必须首先表现为一种"对象化的形式"①,这一形式便是价值形式。通过价值形式的运动,本来表现人与人关系的价值最终颠倒地表现为"物"与"物"的关系,这便形成马克思批判商品拜物教的第二个环节。

对于价值形式概念的重要性,马克思曾在《资本论》第一版序言中强调,"劳动产品的商品形式,或者商品的价值形式,就是经济的细胞形式"②,可见,分析价值形式是认识资本主义生产方式乃至整个资本主义社会经济特征而必须完成的重要工作。与这种重要性相伴的是,价值形式概念又是复杂的,其理解起来的难点在于,需要将它与价值的外在表现形式辨别开来。事实上,价值形式并不是和价值相独立的外在形式,它其实是价值自身的必然实现形式。正如鲁宾所言,"价值形式不是外在于价值的他物,它就是价值要表现自身的必然的表现方式或表现形式"③,换言之,价值形式就是从"形式"角度来理解的价值本质。由此,价值形式就是"作为形式的价值本身",是价值自身的必然表现方式。

价值形式的存在方式是自身的不断运动,并由此形成如下三步:第一步是商品简单价值形式的出现。以一个简单的商品交换等式"20 码麻布 =1 件上衣"为例。在这一等式中,如果将麻布叫作商品 A,将上衣叫作商品 B,那么"通过价值关系,商品 B 的物体,即 B 的使用价值,就成为反映商品 A 的价值的镜子……B 的使用价值成为表现 A 自己的价值的材料"④,即麻布的价值对象性就表现在等式右边的上衣上面,麻布的价值在这种对象化的形式下被凝固了下来,其价值通过上衣表现出来。由此可知,商品 A 的价值形式表现为商品 B 的自然形式,人类劳动被凝固在 B 这个可感的"物"上。概言之,一个商品的价值经过价值形式的运动,现在

---

① 《资本论》(第一卷),人民出版社 2004 年版,第 65 页。
② 《资本论》(第一卷),人民出版社 2004 年版,第 8 页。
③ 《资本论》(第一卷),人民出版社 2004 年版,第 52 页。
④ 《资本论》(第一卷),人民出版社 2004 年版,第 67 页。

则通过另一个商品的使用价值表现出来了，也即商品所承载的人与人的关系现在被表现为了两个商品之间的"物"与"物"的关系。

价值形式运动的第二步是从简单价值形式到扩大的价值形式。容易看到，在简单价值形式中，商品 A 只是同某一种商品，而不是同其他一切商品发生关系，因而这种关系是个别的，A 的价值只表现在一种商品上。但是，这个商品具体是什么，效果是完全一样的，由此就会产生种种的价值表现。商品的个别价值表现因而就自行过渡和转变为可以延长的、不同的简单价值表现的系列，即总和的或扩大的价值形式。商品的价值表现转变为扩大的相对价值形式后，该商品则与整个商品世界发生关系，换言之，价值形式运动成为扩大的价值形式后，人与人的关系在更普遍的范围上表现为"物"与"物"的关系。

进一步分析扩大的价值形式的特点可知，它仍不是价值的最终表现形态，从而还不是价值形式运动的终点。这是因为，第一，扩大的价值形式其表现序列是无止境的，从而它便是一种未完成的形态。第二，诚然，如果将等式右边的所有特殊形式加总就是人类劳动的总和，但问题在于，每一种商品的自然形式都具有一个特殊等价形式，这将使得扩大的价值形式仍是一种具有局限性的等价形式。质言之，这一形式是不统一的。这样一来，扩大的价值形式的上述两个特点使得它并不是价值形式运动的最终归宿。

扩大的价值形式将进一步往前发展，然后过渡成为更加具有普遍性的价值形式——一般价值形式，这是价值形式运动的第三步，这一过渡将使得价值形式所承载的人与人的社会关系最终完全表现为"物"与"物"的关系。这样一来，这一颠倒便使商品价值被表现在唯一的商品上，且又表现在同一个商品上，这一价值形式便是一般等价形式，"只有这种形式才真正使商品作为价值互相发生关系"①，故这一形式对商品价值的表现是简单的和统一的。一般等价形式的形成，使得商品的价值得到了全社会的公认，商品价值承载的人与人的关系现在也表现为商品的"全面的社会关系"②。因此，在一般价值形式中出现了关系的颠倒，即本来价值体现的实质是人与人的关系，经过价值形式的运动，最终在一般价值形式中被完全表现成商品体和商品体之间的关系，即"物"与"物"的关系，导致社会关系的物化。

经过"简单价值形式—扩大的价值形式—一般价值形式"的运动路径，人与人的关系被歪曲地表现为"物"与"物"的关系，由此马克思商品拜物教批判的第二个环节就形成了。这一环节的运动表明，经过价值形式的运动，本来代表人与人之间劳动关系的"价值"，现在则被表现为了商品和商品之间的"物"的关系，从而导致商品世界之中的主体与客体、本质与现象发生了颠倒，最终出现了物化假象。

三、阐发商品物化性质的客观假象的意义

完整阐发马克思对商品物化性质的揭示，具有重要的理论与现实意义，卢卡奇更是指出其隐含了全部历史唯物主义和无产阶级的全部自我认识。③具体来说，剖析马克思对商品拜物教性质的阐发具有如下意义：

其一，揭露"商品拜物教是一种主观错认"的认识局限。学界中有观点认为商品拜物教只是一种社会意识，从而仅仅将商品拜物教看作人们的主观错认。如河上肇便认为它"是反映其社会存在的社会意识"④，究其形

① 《资本论》（第一卷），人民出版社 2004 年版，第 82 页。
② 《资本论》（第一卷），人民出版社 2004 年版，第 112—113 页。
③ ［匈］卢卡奇：《历史与阶级意识》，商务印书馆 2017 年版，第 263 页。
④ ［日］河上肇：《"资本论"入门》（上册），仲民译，生活·读书·新知三联书店 1959 年版，第 236 页。

成根源，卢卡奇则认为是被束缚在商品关系中人的"头脑之外的、他们的社会关系的特殊性"①，从而认为商品拜物教就是人对商品的狂热迷恋和极度崇拜。

通过剖析马克思商品拜物教批判的逻辑可知，马克思首先对商品的物化性质进行了揭示，基于此才展开商品拜物教观念的批判，即对观念上层建筑层面的商品拜物教观念的批判。因此，"商品拜物教是一种主观错认"的观点忽略了马克思的第一重维度。正如马克思所言，商品拜物教"不是想象的而是平凡实在的"②，因此，商品拜物教"不是纯粹的幻想或热昏的胡话，是马克思深入资本主义生产关系、对'资本主义生产关系必然表现为物与物'这一客观的物化特性的根本揭示，是对资本主义生产方式的一种'真实的'意识"③，是对资本主义生产关系本质的深刻洞悉。在商品物化性质上，才产生作为社会意识的商品拜物教观念，即"从这种颠倒的关系出发……也必然产生出相应的颠倒的观念，即歪曲的意识"④，这指向资产阶级经济学家的拜物教观念，表明商品生产的客观物性特征在一部分人的头脑中歪曲成了错误认识。概言之，通过产生商品物化性质的两个环节，马克思揭示了商品的物化特性的客观必然性。由此可知，"商品拜物教只是主观错认"是对马克思商品拜物教批判的片面认识。

需要注意的是，清晰区分作为商品物化性质和作为观念上层建筑的商品拜物教观念这二重维度具有重要意义，因为这关涉能否真正理解马克思对资本主义生产关系的剖析。如前所述，卢卡奇直言商品拜物教隐含着全部历史唯物主义和无产阶级的全部自我认识⑤。诚然，这一观点是否准确仍有可商榷之处，但其在一定程度上也说明了商品拜物教理论意义之重

①　［日］河上肇：《"资本论"入门》（上册），仲民译，生活·读书·新知三联书店1959年版，第246页。
②　《马克思恩格斯全集》（第31卷），人民出版社1979年版，第442页。
③　苗贵山：《马克思"拜物教"批判思想研究》，《中国特色社会主义研究》2010年第6期。
④　《资本论》（第三卷），人民出版社2004年版，第53页。
⑤　［匈］卢卡奇：《历史与阶级意识》，商务印书馆2017年版，第263页。

大。马克思主义经济人类学代表人物戈德利尔也认为马克思的伟大之处，就在于他通过商品、货币、资本的分析，从而"'真实地再现了'在资本主义生产方式中以颠倒的形式表现在人们的日常生活中或观念上的各种事实"①。质言之，阐明了资本主义社会关系的虚幻性。因此，正如有学者所指出的那样，商品拜物教的性质究竟是一种社会存在还是社会意识，这不是一个细枝末节的问题，它根本地关系能否真正深刻地理解资本主义生产关系本身，以及从其本质所表现出来的具体表现形式②，换言之，如果仅将商品拜物教批判理解为马克思对商品迷恋和崇拜的批判，这将是对马克思揭露和批判资本主义生产方式的简单解读，从而会导致马克思经济理论的说服力被严重削弱。因此，必须对商品拜物教批判的二重维度进行清晰的辨析，由此才能彻底地体现出马克思主义经济理论的解释力。

其二，对"商品拜物教过时论"予以有力驳斥。学界亦有观点认为马克思的商品拜物教批判对于当今时代已经不再具有理论说服力，提出"商品拜物教过时论"，并试图以"符号拜物教批判"取代马克思的商品拜物教批判理论。如鲍德里亚认为，商品拜物教只是马克思所生活时代的社会意识，随着消费社会的来临，拜物教已经越过经济领域，而延伸到"物的崇拜、自主性的崇拜、性崇拜、职业崇拜等"③一切生活领域，而这些是马克思的政治经济学与哲学理论中没有涉及的问题。鲍德里亚因此指出，商品拜物教概念仅仅揭示了"交换价值崇拜"这一错误意识④，除此以外，再无其他深意。基于此，鲍德里亚提出"体现身份与地位"的符号拜物教，以表明和批判传统拜物教中"物"的使用价值已让位于"物"的符号价

---

① ［日］栗本慎一郎：《经济人类学》，王名等译，商务印书馆1997年版，第23页。
② 薛志贤：《"商品拜物教"揭示的是社会生产关系还是社会意识？》，《教学与研究》1982年第1期。
③ ［法］让·鲍德里亚：《符号政治经济学批判》，夏莹译，南京大学出版社2008年版，第91页。
④ ［法］让·鲍德里亚：《符号政治经济学批判》，夏莹译，南京大学出版社2008年版，第75—76页。

值①，由此提出符号拜物教批判理论，即当代拜物教已经把特权和差异变成一种符号价值，从而对符号的崇拜替代了对"物"的崇拜。人们对特权和差异的符号陷入了崇拜。因此，商品拜物教应该被符号拜物教所取代，必须让拜物教批判"从生产逻辑批判走向符号逻辑批判"，以打破目前"符号统治一切"②的状态。

对马克思商品拜物教批判逻辑的完整证明，有力地揭露出鲍德里亚的认识局限，从而驳斥"商品拜物教过时论"。应该承认，鲍德里亚基于符号视角对现代社会消费异化结构的剖析具有其深刻之处。这一理论揭示了在消费盛行的社会中人们对符号的享受与沉迷，从而陷入了符号被外界的肆虐和控制，从这一角度来看，鲍德里亚对符号拜物教的批判"丰富并发展了历史唯物主义，使它符合发达资本主义的新形势"③，拓展和深化了人们对资本主义新形势的认识。但是鲍德里亚的资本主义批判抓住的仅仅是资本主义生产的表象，而并没有深入生产关系层面，基于生产关系进行"釜底抽薪式"的批判。具体来说，马克思商品拜物教批判的逻辑起点和逻辑核心都深入生产关系层面，"穿透了种种意识形态和社会现象、进到生产关系的深度，分析了内容与形式，以辩证的方法在根源处把握住了现代社会的症结"④，透彻地剖析了资本主义社会生产方式的矛盾根源，指认了商品经济所具有的"商品生产关系必然物化"的客观性质。质言之，只有意识到拜物教在资本主义社会是体系性的结构，才能真正超越资本主义社会，而相较于马克思的生产关系批判，鲍德里亚的资本主义批判未能深入剖析生产方式的根本矛盾。因此，鲍德里亚的"商品拜物教过时论"并不能成立。

---

① 仰海峰：《拜物教批判：马克思与鲍德里亚》，《学术研究》2003 年第 5 期。

② 仰海峰：《拜物教批判：马克思与鲍德里亚》，《学术研究》2003 年第 5 期。

③ ［美］马克·波斯特：《第二媒介》，范静晔译，南京大学出版社 2000 年版，第 148 页。

④ 项荣建、王峰明：《马克思对商品拜物教的批判及其当代启示——对〈商品的拜物教性质及其秘密〉的文本学再解读》，《学习与探索》2016 年第 8 期。

总而言之，从马克思对商品的物化性质的揭示来看，只要商品生产关系还在，马克思的商品拜物教批判理论就仍然具有洞察时代和批判时代的理论说服力。

其三，对马克思商品拜物教批判逻辑的完整阐发，还可以启发人们树立辩证商品观，自觉利用商品发展生产力，从而基于商品内部的自身物化结构打破其藩篱，最终消灭商品及商品拜物教。

一方面，应该准确认识商品产生的客观必然性，肯定其对现阶段我国生产力发展的促进作用，从而积极发展商品经济。前文对马克思商品拜物教批判的逻辑起点和逻辑核心的分析表明，商品本质上是一定历史阶段客观社会关系的必然产物，它随着劳动方式的历史发展而出现，商品的产生具有客观必然性。由此，任何试图人为消灭商品经济的做法都是对客观历史发展的违背，因此应该承认并积极利用商品，大力发展商品经济，以促进生产力的提高。另一方面，也要看到商品的历史暂时性，为消灭商品积极创造条件。同样，从前文对马克思商品拜物教性质的揭示可以看到，商品作为一定历史阶段生产方式的产物，也终将随着生产方式的发展而消失。因此，要清醒地认识商品的历史暂时性，理解商品及商品拜物教的消失与否取决于生产方式的历史发展水平。这就需要在实践中自觉以商品为手段来发展生产力，促进生产方式的变革，进而从商品自身的物化结构内部打破其藩篱，最终使商品及商品拜物教消失。

第二节　马克思揭示货币物化性质的逻辑理路

货币拜物教批判理论作为马克思社会批判理论的重要组成部分，是马克思资本主义生产方式批判的重要一环，充分体现出马克思社会批判理论中"'对现实的描述'与破解'存在的秘密'的统一"①。对此，国内外学者围绕货币拜物教的实质、货币拜物教与现代社会结构、货币拜物教与经济危机、货币拜物教对古典政治经济学的超越等问题展开探讨。研究取得丰硕成果，但仍有理论拓展空间，主要体现为研究角度较为单一，而政治经济学维度的考察不足。究其原因，在于部分学者依据马克思在《资本论》中所说"货币拜物教的谜就是商品拜物教的谜，只不过变得明显了，耀眼了"②，据此便认为货币拜物教批判不过是商品拜物教批判的附庸，甚至认为货币拜物教等同于拜金主义。诚然，若仅从字面意思来看，似乎货币拜物教无非是从商品拜物教到资本拜物教发展过程中无足轻重的过渡，并不值得多谈。然而事实未必如此。理论研究不能基于一句单薄的论断便匆匆定论，而应对整个理论的生成过程与逻辑理路展开系统剖析。进一步而言，要理解马克思对资本主义整体的批判，货币拜物教批判是不可忽视的，"'货币—资本—财富'乃是资本主义制度的内在逻辑，整个社会制度的运作都紧紧围绕着这个逻辑轴心而展开"③，其亦是"展开资本及其逻辑批判的前提和准备"④。

一、从商品到货币的发展

在商品出现后，价值形式运动并未就此结束，一般等价形式还会继续发展为货币，并出现货币拜物教，具体过程如下：一方面，商品会自动寻找一种便于交换的商品来作为等价物，经过商品世界的内部竞争，最终"所有商品互相排挤得只剩下一种商品时，等价形式同这种独特商品的自

① 孙正聿：《现实的历史：〈资本论〉的存在论》，《中国社会科学》2010 年第 2 期。

② 《资本论》（第一卷），人民出版社 2004 年版，第 108 页。

③ 张雄：《财富幻想：金融危机的精神现象学解读》，《中国社会科学》2010 年第 5 期。

④ 付文军：《论马克思对拜物教的政治经济学批判》，《西南大学学报（社会科学版）》2021 年第 3 期。

然形式结合在一起"①——这一商品就是货币，一般价值形式便发展为货币形式。由此可知，货币的产生过程就是价值形式经过自行运动，最终发展为货币形式的结果。

另一方面，货币的出现，使其成为人与人的关系的承载物，从而人的关系被表现为"物"的关系。经过从简单的价值形式到扩大的价值形式，再到一般价值形式最后至货币形式的发展过程，货币自身仿佛出现了魔术，"中介运动在它本身的结果中消失了"②。由此可知，货币本来只是人与人劳动关系的承载物，现在则表现为货币自身的"全面的社会关系"③，表现为货币之间的"物"的关系。"在这种'表现形式'中，存在'关系的颠倒'——'人与人之间的关系'表现为'物与物之间的关系'（'社会关系的物化'）。"④可见，货币的形成导致主体与客体、本质与现象发生了颠倒，人的关系彻底被表现为"物"的关系，货币的物化假象由此形成。概言之，货币拜物教是对"价值必然表现为货币自身的自然属性"这一客观事实的反映。

至此，马克思完整揭示了货币物化性质的形成逻辑，揭示了货币拜物教第一重维度。"货币之谜源于一般等价物之谜，一般等价物之谜又源于等价物之谜，而等价物之谜则源于价值关系和价值表现形式之谜"⑤，货币拜物教始于"劳动必然表现为价值"，价值随后经价值形式运动，而被表现为商品体，并进一步表现为货币，从而本质与现象发生了颠倒，最终人与人的劳动关系表现为货币"物"的关系，货币客观的物化性质由此被揭示。

① 《马克思恩格斯全集》（第46卷），人民出版社1979年版，第112页。
② 《资本论》（第一卷），人民出版社2004年版，第112—113页。
③ 《资本论》（第一卷），人民出版社2004年版，第112—113页。
④ 刘召峰：《马克思拜物教批判的三重指向与历史性自觉》，《马克思主义研究》2019年第4期。
⑤ 王峰明、牛变秀：《货币的本质规定与拜物教批判》，《天津社会科学》2012年第1期。

二、揭示货币物化性质的客观假象的意义

对马克思货币拜物教批判逻辑进路的剖析亦具有重要的理论意义。

首先，这表明对马克思货币拜物教批判的剖析应置于马克思的财产批判这一核心线索中，由此才能完整理解货币拜物教批判的理论实质。

目前部分学者对货币拜物教批判的研究主要集中在《资本论》第一卷第一章，即马克思直接阐发拜物教的相关文段。然而，这种研究方式是局限在个别文本的孤立式研究，它削弱了货币拜物教批判的理论价值。之所以会出现上述局限，正因为未能将马克思货币拜物教批判的研究置于其财产权批判中，导致未能系统理解马克思的货币拜物教批判思想。正如前文所述，马克思货币拜物教批判理论的形成过程，从根本上来说是马克思对私有财产进行全面剖析，从而认识到货币的本质并非"物"，而是一种生产关系的理论探索过程。质言之，马克思货币拜物教批判是马克思进行财产权批判所得理论成果的系统化、逻辑化阐释。这样一来，除《资本论》外，马克思的其他文本，如本书提到的《手稿》《评注》，以及因本书篇幅限制还未能涉及的《1857—1858 年经济学手稿》《1861—1863 年经济学手稿》等文本中都蕴含了丰富的拜物教批判的思想资源。如果仅仅聚焦于《资本论》而忽略了上述文本中的拜物教批判思想，将难以呈现出马克思货币拜物教批判的完整理论价值。

在此需特别说明财产权批判在马克思思想发展史中的地位。目前，部分学者对马克思财产权批判思想的研究，多只局限于对部分文本中马克思的具体论断进行阐释，而这严重低估了马克思财产权批判的理论地位。事实上，马克思对财产权的批判构成了历史唯物主义的核心逻辑：马克思正是通过对私有财产的批判，发现私有财产是一能动的主体，它能够借助劳动实现自身；而社会劳动方式的一定历史性质决定其会发生变迁，由此马

克思把辩证法贯穿到历史中，实现了对历史的唯物主义理解，赋予了人类历史以合乎规律的客观实现过程。由此可知，马克思对财产权的批判与其历史唯物主义的创立是内在统一的，换言之，对财产权的批判的终点，其逻辑结论应该就是历史唯物主义。要真正理解历史唯物主义，则必须结合马克思对财产权的批判。因此，财产权批判对于理解历史唯物主义具有重要意义，必须引起足够重视。

总而言之，作为马克思财产权批判的系统化和逻辑化阐释，马克思货币拜物教批判理应被置于财产权批判的核心线索中，才能得到完整理解。因此，应对涉及货币拜物教批判的文本进行拓展式研究，通过完整的文本群对马克思的财产权批判进行系统梳理和阐发，由此彻底呈现货币拜物教批判的价值，进而能更清晰地体现历史唯物主义方法论的力量。

其次，马克思对货币拜物教的批判，也可以对货币拜物教与拜金主义进行辨析，在对比中彰显马克思的批判力度与思想深度。

有观点认为，马克思货币拜物教批判揭示与批判的是把金钱交易关系看作万能，从而陷入对货币的狂热迷恋和追逐的现象。[①] 或有观点认为，马克思笔下的货币拜物教是指一切商品臣服于货币以后，人在这个过程中逐渐滋生出拜金主义从而沦落为彻底的拜物教徒。[②] 还有观点认为马克思的货币拜物教"是现象界的以量化为标准的意识"[③]，"商品拜物教在今天表现为货币拜物教，其核心是拜金主义"[④]。类似说法还有很多，不一而足。

通过对马克思货币拜物教批判历史演化与逻辑进路的剖析可知，同拜金主义、金钱崇拜等概念相比，马克思货币拜物教批判的内涵要丰富得多，其理论意义也重大得多。从概念的实质来看，货币拜物教的内涵比拜

---

① 李景鹏：《再论社会利益结构的变化与政治发展》，《天津社会科学》1999年第1期。
② 徐雪闪、朱炳元、李庆：《〈资本论〉价值形式理论的方法论特点》，《海派经济学》2019年第1期。
③ 仰海峰：《马克思的货币哲学》，《吉林大学社会科学学报》2018年第5期。
④ 景玉琴、吴金燕：《商品拜物教的历史唯物主义解析》，《改革与战略》2020年第7期。

金主义丰富得多。具体而言，货币拜物教的内涵包含了假象和错觉两方面，分别是作为社会存在的货币拜物教性质和作为社会意识的货币拜物教观念，前者阐发了一种客观存在的假象，即"人与人的社会生产关系必然歪曲表现为货币之间的物的关系"的资本主义生产方式的本质特征；后者则是一种主观错觉，即揭示因未能识别这种本质特征而误认为"货币万能"的错误认识。拜金主义则仅指人们被货币神奇的交换能力所迷惑，形成"货币自身无所不能"的错觉，以至于货币成为主宰人的命运之"神"，人们陷入对货币的无限推崇和狂热迷恋，最终导致金钱崇拜和财富聚敛。可见，拜金主义的内涵远没有货币拜物教的内涵丰富。从批判的理论意义来看，货币拜物教揭露了资本主义生产方式的秘密，对物化的资本主义生产方式实现了釜底抽薪式的批判；而拜金主义则仅仅是社会意识层面的批判，并未深入资本主义生产方式的结构中去探究其本质。由此可以清晰地看到，货币拜物教批判所体现出的批判力度是拜金主义远不能比拟的。

总而言之，马克思货币拜物教批判是马克思深入资本主义生产方式的批判，如果把它与拜金主义简单等同，将使得马克思拜物教批判的理论意义遭到严重削弱，因此必须廓清二者的认识误区，绝不可将它们随意混用。

最后，对马克思货币拜物教批判形成过程的剖析，还能够驳斥"认识论断裂"说，由此使得马克思早期思想的性质得以科学界定。

"认识论断裂"观点源于已故法国马克思主义理论家阿尔都塞的《保卫马克思》一书，他认为马克思的思想应该被划分为两个根本对立的阶段：早期的意识形态阶段和形成科学历史观的科学阶段。阿尔都塞在书中指出："马克思思想发生过认识论断裂，断裂位置就在《德意志意识形态》。"[①]阿尔都塞证明该观点的主要例证是《手稿》中马克思使用的"异

---

① 阿尔都塞：《保卫马克思》，商务印书馆 2007 年版，第 15 页。

化"概念，他认为马克思彼时探讨的核心问题是异化劳动、外化、对象化等，因而理解的人是"抽象的人"，故其思想性质是抽象人本主义的。直到在《德意志意识形态》中，马克思才对人道主义彻底抛弃，转向唯物主义，建立了科学历史观。阿尔都塞的观点在学界颇有代表性和影响力，和他有相似观点的学者不在少数。如姜海波认为，直到《评李斯特》马克思还是人本主义哲学范式 ①；毛加兴则提出，支配《手稿》批判国民经济学的框架是费尔巴哈的人本主义的类本质哲学，"马克思则是从人的社会存在出发，通过人改造自然，生成社会和自身的活动来发现、观察劳动" ②，并通过人本主义哲学扬弃这种现实的共产主义道路。

从前文对马克思货币拜物教形成过程的阐发可知，"抽象人本主义"是对马克思思想发展的误读。如前所述，马克思的理论探索和思想发展道路一以贯之地围绕"私有财产的'物'的谜团"这一核心问题展开，他通过对财产关系的持续剖析与批判，把辩证法贯彻到历史领域，先后揭示了私有财产的主体本质和历史起源，最终解开了私有财产的秘密，并建立了科学的历史观。由此便可对马克思异化劳动理论的理论性质进行定位：马克思的异化劳动理论并非从人道主义角度对资本主义社会下的劳动者进行"同情式说明"，而是紧紧围绕"私有财产的本质是什么"这一根本问题展开批判。由此，异化劳动理论绝非"人本主义的价值悬设"，它是"'从当前的经济事实出发'考察现实具体劳动的结果" ③，因而其同资本批判在本质上是一致的。马克思自己也明确表示，对私有财产和异化劳动的关系问题的解释，使得"至今没有解决的各种矛盾得到阐明"，这里的"矛

---

① 李鹏、姜海波：《〈1844 年经济学哲学手稿〉中劳动概念辨析》，《哈尔滨学院学报》2014 年第 11 期。

② 毛加兴：《马克思的私有财产批判及其人本经济学的建构理路——〈1844 年经济学哲学手稿〉的政治经济学革命》，《北京行政学院学报》2018 年第 4 期。

③ 孙熙国、尉浩：《论马克思异化劳动理论与资本批判理论的统一——〈1844 年经济学哲学手稿〉与〈资本论〉比较研究》，《中国高校社会科学》2014 年第 4 期。

盾"其实就是对私有财产合法性问题的剖析。由此可见，异化劳动理论本质上只是马克思的一个"理论工具"，使用这个工具马克思的根本意图是批判国民经济学的私有财产观，进而对私有财产合法的观点予以驳斥。这同《资本论》中的论述"无论从历史和逻辑起点上看，还是从实质（资本对劳动过程的支配）、生产结果（资本对劳动结果的支配）、思想主旨和实践主题（无产阶级和人类的自由、发展和解放）上看，二者都是连贯而一致的。"[1]概言之，马克思在《手稿》中对国民经济学的私有财产观进行了根本前提性的批判，此时马克思的问题意识、提问方式和批判方式都已经是一种唯物的讨论方式，"抽象人本主义"是对彼时马克思思想的误读。

理解了异化劳动理论的理论性质，也得以更好地理解马克思使用"异化"等概念的用意了。诚然，彼时马克思较多使用了异化、外化、对象化等概念来表述自身观点，但这只是由于当时马克思刚开始研究政治经济学，对财产和劳动的关系认识还不够精确，从而还不能准确地运用政治经济学的术语来阐发自己的理论发现。具体而言，《手稿》时期的马克思尽管发现了劳动和财产之间存在矛盾，揭示了资本主义生产方式下的劳动是异化劳动，但并不清楚这种异化劳动的本质和起源。也即是说，此时马克思对劳动和财产的矛盾还只能用"异化劳动"这一没有历史性的概念较笼统地说明。直到马克思发现资本主义社会下的劳动其实质内容是一种"私人组织的社会劳动"，这种劳动不能够直接得到劳动的补偿，而必须等待被交换后才能得到补偿，从而根本地认识了资本主义劳动的矛盾，揭示了资本主义生产方式的矛盾。因此，在这之后马克思便不再使用"异化劳动"概念，而是使用了商品、价值、价值形式等概念，以更清晰完整地呈现资本主义生产方式矛盾的实质。

---

[1]　孙熙国、尉浩：《论马克思异化劳动理论与资本批判理论的统一——〈1844 年经济学哲学手稿〉与〈资本论〉比较研究》，《中国高校社会科学》2014 年第 4 期。

总而言之，马克思在《手稿》和《资本论》时期的思想性质是一以贯之的，其内核都是唯物主义的，故马克思并不存在所谓"抽象人本主义者阶段"，"认识论断裂"说也就无从谈起。

至此，本章对商品拜物教和货币拜物教批判一重维度的逻辑理路进行了详细梳理和系统阐发。商品拜物教和货币拜物教的实质究竟是什么？它们在何种意义上可被理解为一种社会存在意义上的批判？对上述问题的认识，关涉能否真正理解马克思对资本主义生产关系的剖析和批判，关涉马克思经济理论的解释力和说服力，因而是极其重要的问题。基于对上述问题的思考，本章首先勾画出商品拜物教的完整逻辑发展链条：马克思商品拜物教批判的逻辑基础是对"价值"的理解，即表明"形成'价值'的实质"是一定历史阶段的劳动方式；逻辑核心是经过价值形式的运动，人与人的关系颠倒地表现为"物"与"物"的形式，从而发生了主体与客体、本质和现象的颠倒；逻辑旨归是对商品使用价值拜物教的批判，即批判"把商品的物化假象看作万能，从而导致对商品使用价值的崇拜与迷恋"。对商品拜物教逻辑的完整阐发，揭露了"商品拜物教只是一种主观错认"观点的局限，驳斥了"商品拜物教过时论"，启发了人们树立辩证商品观，从而自觉以商品为手段来发展生产力，最终消灭商品拜物教。依循马克思商品拜物教批判的剖析思路，本章紧接着分析了"作为更耀眼的商品拜物教"的货币拜物教。货币拜物教揭示的是价值经过始于简单价值形式的运动最后发展为货币形式的运动路径后，表现为"物"的使用价值，从而人与人的关系采取了"物"与"物"的形式，导致主体与客体、本质和现象发生了颠倒。它是对"价值必然表现为货币自身的自然属性"这一客观事实的理论阐释。对马克思货币拜物教批判的逻辑进路的阐发，表明对马克思货币拜物教批判的剖析应置于"马克思的财产批判"这一核心线索中，由此才能完整理解货币拜物教批判的理论实质，也可以对货币拜物教与拜金主义进行辨析，在对比中彰显马克思的批判力度与思想深度，还能够驳斥"认识论断裂"说，由此对马克思早期思想的性质问题实现了进一步思考。

　　货币形式并不是价值形式运动的终点，其将会进一步发展为资本，而拜物教亦将形成更具有迷惑性的拜物教形态——资本拜物教。

第四章

马克思资本拜物教批判的一重维度：对资本物化性质的客观假象的揭示

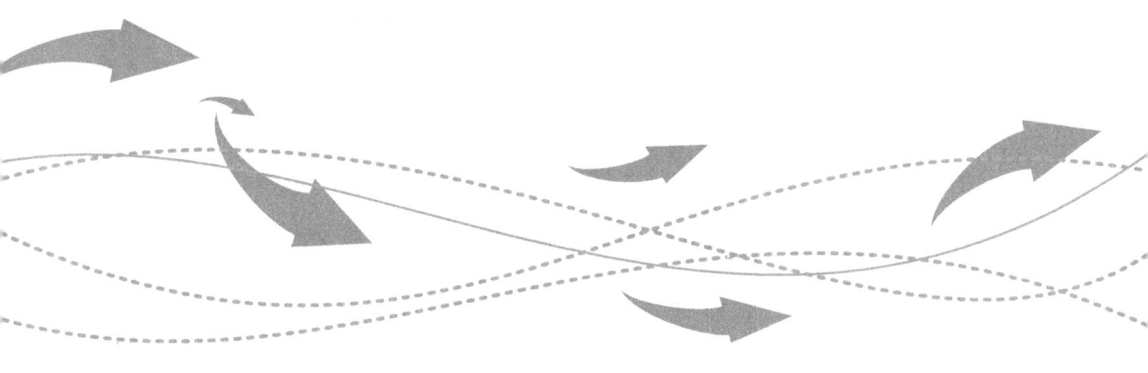

商品拜物教和货币拜物教进一步发展将会形成迷惑性更强的资本拜物教。资本拜物教的发展经历了出场—深化—最终确立三个阶段，并最终在生息资本上取得其最耀眼、最具迷惑性的形式。2022 年 4 月 29 日，中共中央政治局就依法规范和引导我国资本健康发展进行第三十八次集体学习，习近平总书记发表重要讲话强调："在社会主义市场经济条件下规范和引导资本发展，既是一个重大经济问题，也是一个重大政治问题；既是一个重大实践问题，也是一个重大理论问题。"认识资本的特性和行为规律、克服资本弊端从而引导其在社会主义市场经济中发挥正面作用，是新时代马克思主义政治经济学必须面对的新课题，有助于"对社会主义条件下存在并需要大力发展的私人资本及按资分配的收入的属性作出正确的价值判断"[①]。从根本上来说，资本本质上是资本主义生产关系的物化表现，"政治经济学研究的不是物，而是人与人之间的关系，归根结底是阶级与阶级之间的关系（物质交往关系）；可是这些关系总是和物结合着，并且作为物出现"[②]。这意味着，要科学地认识资本本性，就是要揭示出资本"物"外观之下掩盖的资本主义生产关系的实质——这便是马克思资本拜物教批判的思想内核。鉴于此，有必要依循《资本论》的逻辑，考察马克思对资本拜物教的批判，以探究资本本性，为科学对待社会主义市场经济中的资本属性、行为及对其行为的监管问题提供理论启示。本章对马克思批判资本拜物教的逻辑理论进行梳理，以剖析和阐发资本拜物教的形成过程，进而解开资本拜物教中更为隐蔽的"物"的秘密。

---

① 洪银兴：《社会主义条件下的私人资本及其收入的属性——马克思资本理论的现代应用》，《中国社会科学》2002 年第 4 期。
② 《马克思恩格斯选集》（第 2 卷），人民出版社 2012 年版，第 14—15 页。

第一节　资本拜物教的出场：
剩余价值的形成

资本拜物教的出场要从货币转化为资本而产生剩余价值说起。当货币购买一种特殊的商品——劳动力商品时，劳动力商品和其他商品一样具有使用价值和价值。但是，其使用价值却极为特别，那就是其使用价值可以创造出比自身更大的价值。这样一来，货币便转化为了资本，劳动力商品创造出的总价值与劳动力商品本身价值之间的差额即剩余价值，但剩余价值却表现为资本自行增殖的结果，这便是资本拜物教形成的根源。

一、资本拜物教的缘起：货币转化为资本，剩余价值表现为资本自行增殖的结果

资本拜物教缘起于货币向资本的转化，而货币转化为资本的关键在于劳动力商品，具体而言在于劳动力商品具有区别于其他商品的独特的使用价值，这使得这一商品自身能生成比其自身更大的价值。

1. 让价值量发生增殖的"作为资本的货币"

将货币转化为资本的过程与简单商品流通过程相对比，可以对货币向资本转化的过程有一更清晰的说明。简单商品流通中，货币的运行表示为W—G—W（商品—货币—商品）：商品转化为货币，货币又转化为商品，表示商品生产者售卖出商品、以换取货币，然后再购买自己所需的商品的过程。因此，在W—G—W这个循环中，起点端和终点端都是一种商品，后者退出流通，转入消费。因此，这一循环从商品开始，到商品结束，最终目的是消费，即满足需要。这一过程是简单而易于理解的。但是，G—

W—G（货币—商品—货币）循环却变得复杂，它是从货币出发，最后又以货币为结束。可见，G—W—G 循环的动机和决定目的不是商品的使用价值，而是为了获得交换过程中的交换价值。[①]

通过与简单商品流通的对比，G—W—G 变得复杂而颇具迷惑性。这一形式的两端都是货币，因而看起来是毫无内容的同义反复，好像只是货币兜了一个没有意义的圈子。[②]然而，马克思经过进一步剖析指出，这一形式并不是无意义的，它的奥秘不在于它的质——货币金属上，而在于货币的数量上。事实上，G—W—G 中的两端货币的量并不相同，后一端的货币自身包含的价值相较于前端发生了货币量的增殖。质言之，最后退出流通时的货币和进入流通时的货币相比，数量变多了。因此，这个过程的准确形式应该是 G—W—G′，其中 G′=G+ΔG，即原本预付的货币额加上一个增殖额，而这个增殖额就是剩余价值。可见，正是在流通中增加的货币量，即剩余价值的出现，使得货币经过这一流通过程就成了资本。[③]由此可知，货币在流通中保存了自己，还扩大了自己，并且持续不断地进行着这一增殖的循环过程，最终使得价值在流通过程中发生了增殖，进而使得货币转化为了资本。[④]

总的来说，货币的增殖表明货币成了资本。G—W—G 实则为 G—W—G′，它的流通次序表现为以卖开始、以卖结束，流通中货币的作用不再是商品流通的中介——取而代之扮演中介的是商品。而货币则成为流通目的本身，即流通的动机和目的是获取货币。简单商品流通中换取商品的量是有限的，现在则引发对无限货币量的追逐，即追逐货币成了目的本身。

---

① 《资本论》（第一卷），人民出版社 2004 年版，第 175 页。
② 《资本论》（第一卷），人民出版社 2004 年版，第 175 页。
③ 《资本论》（第一卷），人民出版社 2004 年版，第 175—176 页。
④ 《资本论》（第一卷），人民出版社 2004 年版，第 181 页。

2. 总公式的矛盾：价值增殖既在流通中产生，又不能不在流通中产生

资本总公式形成的同时，随之而来亟待解决的问题是：货币通过 G—W—G′，增加的那部分剩余价值究竟是从哪里来的？按照价值规律可知，商品交换必须遵循等价交换这一原则，换言之，必须遵循商品交换的内在规律[①]，因而在流通中是不会产生剩余价值的。但问题在于，价值增殖又的的确确是在流通过程中发生的，因为商品生产者之间的接触仅仅发生在流通领域，由此货币的增殖也只能发生在这一过程中，而不可能在其他地方和场合下出现。[②] 那么，"这种纯粹形式上的区别，是用什么魔法使这一过程的性质改变的呢？"[③]

最终马克思发现，价值增殖既在流通中产生，又不能不在流通中产生。货币经过流通过程，出现价值增殖的奥秘——"资本不能从流通中产生，又不能不从流通中产生。它必须既在流通中又不在流通中产生"[④]。据此，马克思展开了对价值增殖过程的剖析。

3. 总公式矛盾的揭开与资本拜物教的缘起

马克思通过进一步剖析价值增殖过程发现，价值增殖既在流通中形成又不在流通中形成的根源不在于流通的货币本身上，而在于货币所购买的一种商品——劳动力商品的使用价值上。

首先，资本总公式的矛盾不在货币本身上。货币作为一种购买和支付手段，其职能只是"实现它所购买或所支付的商品的价格"[⑤]。由此，价值增殖的变化必定发生在 G—W 上。而要从商品本身的消费过程中获得更大的价值，就必须在市场上找到一种商品，这一商品它的使用价值本身就能

---

① 《资本论》（第一卷），人民出版社 2004 年版，第 193 页。

② 《资本论》（第一卷），人民出版社 2004 年版，第 193 页。

③ 《资本论》（第一卷），人民出版社 2004 年版，第 182 页。

④ 《资本论》（第一卷），人民出版社 2004 年版，第 194 页。

⑤ 《资本论》（第一卷），人民出版社 2004 年版，第 194—195 页。

够产生价值，换言之，这一商品有一个独特属性，即它的使用价值是它的价值的源泉，从而它的消费过程就是价值的创造过程。由此，问题就变成了对这一特殊商品的使用价值的剖析。

货币所有者在市场上找到的这一独特商品就是劳动能力或劳动力。劳动力是人运用体力和智力的总和[①]，质言之，是一个人的劳动能力。劳动力是一种历史现象，它并非天然地就成了商品，它在一定历史条件下才成为商品。第一个条件是劳动者必须是自己的劳动能力、自己人身的自由所有者。这是因为，只有劳动者自己把自身的劳动力当商品出售的时候，才能作为商品出现在市场上，没有人能够代替他做出这个选择。因此，劳动力占有者和货币占有者在市场是平等的人，从而劳动者能够支配它。第二个条件是劳动者丧失了一切生产、生活资料，除了自身劳动力以外一无所有，而只有把自身的劳动力当作商品来出卖，才得以维系生存。一旦上述条件不存在，劳动力也就不是商品了。

劳动力商品和其他一切商品的属性一样，即同时具有价值和使用价值。劳动力商品的价值其定义与对普通商品价值的定义相类似，指维系劳动力所必需的生活资料，即保证劳动力能够存续的最低限度，换言之，劳动力的价值也可以认为是劳动者的一定量生活资料的价值。

劳动力的使用价值，也即劳动能力的运用，则相比其他商品使用价值显得特殊。其所以特殊的秘密在于，劳动力商品具有独特的使用价值，其使用价值能够创造出比自身价值量多得多的量。马克思举例说，"投入劳动过程的商品的价值总和是 27 先令。棉纱的价值是 30 先令。产品的价值比为了生产产品而预付的价值增长了。27 先令转化为 30 先令，带来了 3 先令的剩余价值"[②]，可见，劳动力维持一天只需要半个工作日，但其劳动力的发挥，即劳动力的使用价值却可以持续一整天。由此得知，劳动力商

---

① 《资本论》（第一卷），人民出版社 2004 年版，第 195 页。
② 《资本论》（第一卷），人民出版社 2004 年版，第 226 页。

品具有独特的使用价值，它能生成比其自身更大的价值。质言之，劳动力创造的价值比它自身包含的价值要大得多——这便是货币转化为资本的秘密。马克思因而总结道，劳动力商品的使用价值是解开货币转化为资本的关键，劳动力商品的使用价值的使用过程使得劳动者创造的价值发生了增殖。资本家购买劳动力，就正是看中了劳动力商品的这一特点。①

基于对劳动力商品特殊使用价值的剖析，马克思进一步详细探究和阐释了劳动过程和价值增殖过程。首先，从劳动过程来看，即生产资料的加工过程，价值并不会发生改变。因为生产资料的价值是被完整转移到新产品之中，而不会发生量的变化。②其次，从劳动力使用价值的发挥过程来看，剩余价值在这一过程中形成了。马克思分析道，劳动者的劳动过程，每时每刻都在形成新的价值。例如，为了生产一个新产品，事实上 6 小时就够了，但其实劳动过程持续了不止 6 小时，劳动力超额完成了任务，这部分超出原本劳动力自身价值的价值就叫超额价值，剩余价值就是超额价值和劳动力价值之间的差额。③基于此，马克思把两个过程所耗费的时间分别称为必要劳动时间和剩余劳动时间，而剩余价值形成正是在超过必要劳动时间之外的剩余时间中创造出来的。劳动过程的第二段时间虽然耗费了工人的劳动力，但其生产的价值却并不是归劳动者所有，而全部被资本家据为己有，由此"剩余价值以从无生有的全部魅力引诱着资本家"④。

总而言之，马克思通过对劳动者的劳动过程的详细剖析，深刻地揭露了价值增殖过程发生在劳动力发挥其自身使用价值的过程，揭示了当劳动力成为商品、货币自身成为目的时，价值就成为普遍的主体，货币从手段变成目的，最终成为能够形成价值增殖的资本。马克思总结道："当资本家让劳动力成为商品、让其生产剩余价值的时候，劳动就成了一个用'好像

---

① 《资本论》（第一卷），人民出版社 2004 年版，第 225 页。
② 《资本论》（第一卷），人民出版社 2004 年版，第 225 页。
③ 《资本论》（第一卷），人民出版社 2004 年版，第 250 页。
④ 《资本论》（第一卷），人民出版社 2004 年版，第 250 页。

害了相思病’的劲头开始去‘劳动’的怪物。”①

对劳动力商品的剖析从而对货币转化为资本过程的揭示，形成了资本拜物教产生的根源。从上述对货币转化为资本的阐发过程可知，资本并不是“物”，它是资本主义社会内在矛盾发展的必然产物，是一种历史性的社会关系。这样一来，也就使得资本那种看起来自身在发挥作用的自行增殖的魔力不复存在——“魔力”不过是工人超过了一定点的劳动过程的产物，即劳动力商品发挥其自身使用价值所生产出来的比自身价值更大的价值。由此，货币转化为资本便形成了资本拜物教的根源。正如马克思所言：“黑人就是黑人，只有在一定的条件下他才成为奴隶……资本是一种社会生产关系，它是一种历史的生产关系。”② 质言之，资本本质上是一种社会生产关系，这便是资本拜物教产生的根源。

二、资本拜物教的加深：形式从属与实际从属

揭开了资本拜物教的形成根源之后，马克思剖析了剩余价值的生产过程，发现了形成剩余价值的两种不同生产方式，这两种生产方式使得资本更具有迷惑性，资本拜物教加深了。

1. 劳动对资本的形式从属与资本拜物教的加深

通过延长工作日而生产的剩余价值叫作绝对剩余价值。在绝对剩余价值生产方式下，资本和劳动的关系是一种形式从属关系。在绝对剩余价值生产下，“资本是使已有的、现存的劳动过程……劳动变得更紧张，或者劳动过程的持续时间延长，劳动更具有连续性，劳动在利害攸关的资本家的监视下变得更有秩序，等等，这种事实本身并不改变实际劳动过程本

---

① 《资本论》（第一卷），人民出版社 2004 年版，第 227 页。
② 《马克思恩格斯文集》（第 1 卷），人民出版社 2009 年版，第 268 页。

身的性质，并不改变实际劳动方式的性质"①，因而其并没有改变生产方式本身。

　　如果从价值增殖过程的观点来考察绝对剩余价值的生产，可以发现资本拜物教在此过程中加深了。马克思指出，绝对剩余价值的生产过程中，生产资料转化为吸吮他人劳动的手段②，由此劳动的社会生产力好像是来自资本，似乎是资本天生的生产力使得劳动发挥了效用，③这造成资本与劳动的颠倒，资本拜物教加深了。在《手稿》的"直接生产过程的结果"一章，马克思更精练地阐发了绝对剩余价值生产中的资本拜物教。马克思认为，劳动形成资本的能力，现在好像表现为生产资料本身的能力，由此"特定的社会关系——就表现为物，正像价值表现为物的属性，物作为商品的经济规定表现为物的物质性质完全一样，正像劳动在货币中获得的社会形式表现为物的属性完全一样"④。可见，在直接生产过程中，资本拜物教体现得是十分明显的。

　　对绝对剩余价值生产方式的剖析表明，资本能增殖的这种"物的魔力"本质上其实是一种假象。正如马克思所指出的："资本家对工人的统治……实际上只是生产过程的结果，是生产过程的产物。"⑤ 在本质上，资本的统治其实是资本主义生产过程的结果，但资本主义生产方式造成资本能够统治劳动者的假象，从而本质与现象发生颠倒，发生了"与意识形态领域内表现于宗教中的那种关系完全同样的关系"⑥，即主体被颠倒成了客体，由此加深了资本拜物教。

2. 劳动对资本的实际从属与资本拜物教

　　另一种生产方式是相对剩余价值生产，与之对应的是劳动对资本的实

---

① 《马克思恩格斯文集》(第8卷)，人民出版社2009年版，第501—502页。
② 《资本论》(第一卷)，人民出版社2004年版，第359页。
③ 《资本论》(第一卷)，人民出版社2004年版，第387页。
④ 《马克思恩格斯文集》(第8卷)，人民出版社2009年版，第468页。
⑤ 《马克思恩格斯文集》(第8卷)，人民出版社2009年版，第469页。
⑥ 《马克思恩格斯文集》(第8卷)，人民出版社2009年版，第469页。

际从属，这也从另一角度加深了资本拜物教。

马克思首先剖析了相对剩余价值的内涵和特征。相对剩余价值是指通过缩短必要劳动时间而形成的剩余价值。进一步来看，"相对剩余价值的生产使劳动的技术过程和社会组织发生彻底的革命，因此，相对剩余价值的生产以特殊的资本主义的生产方式为前提"①。由此可知，相对剩余价值生产方式下，"劳动的方法和整个劳动过程的实际方式发生了变革"②。

马克思进一步通过与简单形态的协作相对比，从而阐发了工场手工业产生了资本统治劳动的新条件，由此表明资本对劳动统治的加深。比较来看，简单协作大体上没有改变个人的劳动方式，而工场手工业却使它彻底地发生了革命，从根本上侵袭了个人的劳动力，使得工场手工业把工人变成畸形物。由此，工场手工业生产了资本统治劳动的新条件，资本对劳动的统治加深了。最终，在工场手工业中由各种劳动的结合所产生的生产力也表现为资本的生产力。总而言之，在工场手工业中，各种劳动结合所产生的生产力都统统表现为资本的生产力，这使得资本主义生产方式中的资本拜物教性质加深了。

资本主义生产中对机器的运用则加固和完成了资本对劳动者的统治。马克思在与工场手工业的对比中揭示出机器大工业的特点"是工人跟随劳动资料的运动"，是"死机构独立于工人而存在，工人被当作活的附属物并入死机构"③。可见，对机器的运用加深了资本对劳动者的统治。

机器大工业进一步颠倒了资本和劳动的关系，加深了资本拜物教。如马克思所言，"劳动条件使用工人，不过这种颠倒只是随着机器的采用才取得了在技术上很明显的现实性"④，由此"劳动的社会生产力转换成资本

① 《资本论》（第一卷），人民出版社 2004 年版，第 583 页。
② 《马克思恩格斯文集》（第 8 卷），人民出版社 2009 年版，第 502 页。
③ 《资本论》（第一卷），人民出版社 2004 年版，第 486 页。
④ 《资本论》（第一卷），人民出版社 2004 年版，第 487 页。

的物的属性——这种做法已如此根深蒂固，以致机器、科学的应用、发明等的好处，在它们的这种异化形式中，被看作是必然的形式，从而所有这一切都被看作是资本的属性"①。可见，机器的运用加深了资本拜物教。

概言之，对两种剩余价值生产的分析表明，资本拜物教越发加深了。事实上，资本是生产的，正如马克思在《手稿》"资本的神秘性等"一节中所言，"它是'劳动的社会生产力'或社会劳动的生产力的人格化与代表，即物化的形式"②。但是，"一切劳动社会生产力，都表现为作为资本固有属性的生产力，这与形成价值的劳动的一般性质在货币中表现为物的属性完全一样"③。由此，两种剩余价值的生产方式掩盖了资本本质而表现为"物"的形式，使得资本与劳动的关系变得更加迷惑，最终加深了资本拜物教。

三、资本拜物教的加剧：工资对资本与劳动关系的遮蔽

工资的出现则进一步遮蔽了资本与劳动的关系，从而加剧了资本拜物教。

从资产阶级社会的表面看来，工人的工资是劳动的价格，劳动多少，便支付相应的工资额。但是，事实上工人出卖的并不是劳动，而是劳动力。原因在于，如果出卖的是劳动，首先，按照劳动价值论，劳动自身有价值，按其所包含的劳动量来计量，则会说如一个 12 小时工作日的价值是由 12 个小时工作日中包含的 12 个劳动小时决定的，这是一种无谓的同义反复。④ 其次，劳动力出卖的是劳动这种观点违背了商品交换的一般规律。因为，作为商品在市场上出卖，至少需要在出卖前就真实存在了。然

---

① 《马克思恩格斯文集》（第 8 卷），人民出版社 2009 年版，第 541 页。
② 《马克思恩格斯文集》（第 8 卷），人民出版社 2009 年版，第 539 页。
③ 《马克思恩格斯文集》（第 8 卷），人民出版社 2009 年版，第 535 页。
④ 《资本论》（第一卷），人民出版社 2004 年版，第 613 页。

而分析可知，劳动只有被带到市场上的瞬间才被创造出来。因此，它并不是一种商品，劳动力出卖的并不是劳动。最后，认为劳动力出卖的是劳动这种观点还违背了资本主义生产本身的规律。商品交换本应遵循的是等价交换原则，但是和付出的工资相比，资本家必须获得更多的收益，才会雇用劳动者来劳动，否则就是亏本生意，就是多此一举。这样一来，若劳动力出卖的是劳动，那么劳动者的劳动价格等于他生产的产品价格，在这种情形下，他没有为资本家生产剩余价值，资本家便不会雇用劳动者了。这样一来，劳动力出卖的并不是劳动，而是存在于工人身体内的劳动力。[①]

随后，马克思分析了劳动力的价值和价格表现为工资的过程，从而揭露了工资所掩盖的资本对劳动的剥削实质。工资这一形式消灭了必要劳动和剩余劳动、有酬劳动和无酬劳动的一切痕迹。全部劳动都表现为有酬劳动。这样一来，似乎就是资本这一"物"创造了利润，而"劳动力形成剩余价值"这一资本对雇佣劳动剥削关系的实质就被掩盖起来。资本这一"物"的神秘力量愈加固化了。可见，"劳动的价值和价格"或"工资"这个表现形式和"劳动力的价值和价格"的关系，就是"表现形式"和"隐藏在其背后的本质"的关系。概言之，工资掩盖了"资本通过剥削劳动者的劳动力来创造剩余价值"的本质，前者是直接地、自发地作为流行的思维形式再生产出来的，而后者只有科学才能揭示出来——"科学才能揭示出来的东西"便是资本拜物教。

综上所述，工资并非如它表面呈现的那样似乎是劳动的价值或价格，其实质是在资本对劳动者的剥削关系中生成的，表明劳动力的价值或价格的隐蔽形式，而一经生成，工资便以颠倒的形式表现出来，即表现为资本这一"物"的产物，由此彻底掩盖了资本和劳动的关系，加深了资本的神秘性，从而使资本拜物教也进一步加深了。

[①] 《资本论》（第一卷），人民出版社 2004 年版，第 614—615、617—618 页。

第二节　资本拜物教的深化：
剩余价值的实现与转化

剩余价值要实现，还要借助流通过程才能完成，在这一过程中剩余价值将进一步转化为利润和平均利润。剩余价值转化为利润和平均利润的过程会进一步加深资本拜物教。

一、剩余价值在流通中实现：加深资本关系的神秘性

商品的剩余价值在直接生产过程中形成，但它的实现是在流通中才得以完成的，而这都取决于市场的状况，因此很容易形成一种认识的假象，即好像剩余价值来自流通过程。这一假象掩盖了剩余价值形成的真正根源，而使得资本变得更加神秘，资本拜物教也进一步加深了。

要剖析剩余价值的流通过程，首先需要了解"资本的流通时间"这一概念。资本的流通时间的定义是指资本处在流通领域内的时间，包括购买时间和销售时间，分别表示货币资本转化为商品资本所需要的时间和商品资本转化为货币资本所需要的时间。从资本流通时间的概念实质上看，资本是在生产时间内形成剩余价值，而在流通时间内既不生产商品，也不生产剩余价值。但是，如果从现象层面来看，流通时间则成了决定资本是否能够增殖的必要条件。这是因为，资本的流通时间会对资本的生产时间构成影响。具体而言，这种影响就是如果没有流通时间内的购买和售卖，生产过程就无法保证正常进行，从而也就缺乏了生产剩余价值的实现途径。[①]可见，资本流通时间这一概念的本质和现象之间出现了冲突。

---

① 《资本论》（第二卷），人民出版社 2004 年版，第 142 页。

　　资本流通时间的本质与现象的冲突进一步加剧了资本拜物教。如马克思指出的那样，资本流通时间的假象似乎表明资本在流通领域有一个可以增殖的神秘源泉，而这统统来自流通领域，和生产领域无关。① 对于资本流通时间概念因本质和现象之间冲突而导致的假象，马克思明确地指出，流通时间造成了资本来自流通领域的假象，这使得资本主义的生产过程变成一个"神秘莫测"的东西，资本在资本关系中所承载的社会关系以资本自身的物质本性表现出来，由此加深了资本拜物教。因此，在商品生产中，尽管流通和生产一样必要，但是绝不应该把二者混为一谈。②

　　概言之，在资本的流通中，表现出来的是劳动价值与其货币表现，即价格之间的关系，它是价值和使用价值的折射。在这些关系中，互相对立的不是资本和劳动，而是资本和资本，甚至是买者和卖者。这样，似乎"资本有一个神秘的自行增殖的源泉，它来源于流通领域"③。资本剥削雇佣劳动的最初形式就被商品价值的货币现象遮盖起来。流通时间造成了"资本来自流通领域"的假象，这使得资本主义的生产过程变成一个"神秘莫测"的东西，致使资本在资本关系中所承载的社会关系以"资本自身的物质本性"表现出来，由此加深了资本拜物教。

　　流通过程还使得固定资本与流动资本的概念将不变资本与可变资本之间的区别掩盖了。不变资本与可变资本是按在剩余价值中所起不同作用来进行划分而得出的概念。从资本主义生产过程来看，资本家的投资分为两部分，一部分用来购买生产资料，另一部分用于雇用劳动力。前一部分不会产生新的价值，即不会改变自身的价值量，这部分资本叫作不变资本。而后一部分资本，即购买劳动力的资本却会因劳动力的劳动过程而形成新价值，从而发生价值增殖。这部分因为改变自身价值量，因而叫作可

---

① 《资本论》（第二卷），人民出版社 2004 年版，第 142 页。
② 《资本论》（第二卷），人民出版社 2004 年版，第 142 页。
③ 《资本论》（第二卷），人民出版社 2004 年版，第 142 页。

变资本。

不同于可变资本和不可变资本，固定资本和流动资本则是按照价值的不同周转方式而得出的概念。固定资本是指以机器、厂房、工具、设备等劳动资料形式存在的生产资本。这部分资本进行生产时，虽然物质形态全部参与生产过程，但其价值是按照在使用过程中的磨损程度逐渐转移到新产品中去的。这样，固定资本的价值就获得了双重存在形式：一部分是转移了的价值，它存在货币形式上，以折旧基金形式贮藏；另一部分则继续保持在劳动资料形式上，固定在生产领域。流动资本则是以原材料、燃料等劳动资料形式，以及劳动力资料形式存在的生产资本。和固定资本相比会发现，流动资本的价值是一次性全部转入新产品中的。特别需要注意的是购买劳动力的资本。按照流动资本的定义，购买劳动力的资本其周转方式也是一次性转入新产品之中的。这样一来，购买劳动力的资本也就构成了流动资本的一部分。

对比上述两对概念的定义可知，固定资本与流动资本掩盖了不变资本与可变资本所揭示的资本主义剥削秘密。在不变资本与可变资本上，尚能清晰地看到剩余价值产生的根源，但固定资本与流动资本的划分则掩盖了剩余价值的真正来源。一些物品即生产资料的价值在劳动过程中转移到产品中去，而另一些物品即生活资料的价值则在把它们消费掉的劳动力中再现，并通过劳动力的作用同样转移到产品中去。在这两个场合，问题同样都是生产中预付的价值在产品中的单纯再现。由此，固定资本与流动资本的区分遮蔽了剩余价值的真正来源，掩盖了资本主义剥削的秘密。

二、剩余价值—利润—平均利润：资本拜物教的进一步加剧

当剩余价值转化为利润、利润再转化为平均利润时，资本拜物教进一

步加剧了。

资本家的投资按其用途可被分为两部分：一部分用来购买生产资料，另一部分用于雇用劳动力。根据两部分是否产生新的价值，可分别称其为不变资本和可变资本。但是站在资本家的角度，他却是把投入的全部资本当作"成本"，若用 K 表示的话，则原来商品价值 W=C+V+M 中的 C+V 现在被 K 取代，即现在商品价值等式转化为：W=K+M。容易看到，当不变资本和可变资本都转化为成本后，此时资本增殖的真正来源，即劳动者的劳动力形成的剩余价值在成本价格这一概念下消失了，取而代之的是流动资本和固定资本。由此一来，成本价格掩盖了资本不同部分在价值形成中的作用，剩余价值的真正来源就被遮蔽了，资本增殖的秘密变得更加隐蔽不易察觉。

由前文可知，资本家在计算投入资本时是按照成本来计算的，而与成本相对应的盈余则是利润。站在资本家的角度，他以"成本—利润"来计算收益，即把投入的全部资本当作"成本"，超出成本的部分则是"利润"。这样，利润就是全部预付资本的结果。若利润用 P 来表示，则现在商品价值 W=M+P，即商品价值 = 成本 + 利润，"剩余价值，作为全部预付资本的这样一种观念上的产物，取得了利润这个转化形式"①。资本家真正关心的就是价值余额和预付总资本的比率，即利润率。马克思进一步考察了剩余价值率变化对利润率的影响，发现利润率变化甚至可和剩余价值率的变化无关。不仅如此，按资本家获利的程度取决于利润和预付总资本的比例，利润率就作为一个在数量上异于剩余价值率的存在在现象的表面显示出来。在利润率中，剩余价值以总资本为尺度，这就进一步加深了剩余价值似乎是从总资本中产生出来的假象。由此，人与人之间的剥削与被剥削的关系现在就转化成了资本与利润的关系。

———————

① 《资本论》(第三卷)，人民出版社 2004 年版，第 43—44 页。

总而言之，价值增殖本来只是可变资本的产物，但当用利润来代表价值的增加额，则它就成了全部资本的产物，而并不管它是生产资料产生的，还是劳动力产生的。随着在实际生产过程中的确是全部物质都投入生产中，这样就造成一种假象：好像是全部预付资本都参与了剩余价值的生产过程，即剩余价值成了全部预付资本的产物，即利润。因此，马克思指出，事实上，利润不过是剩余价值的转化形式，但由于利润是按照总资本来计算的，不变资本和可变资本的差别就在利润概念之中人为地消失了，这导致好像剩余价值是从总资本中产生的一样，最终"在利润上否定了自己的起源，失去了自己的性质，成为不能认识的东西"[①]，从而加深了资本拜物教性质。

剩余价值转化为利润后，因为资本家贪婪逐利的本性，这种转化会继续下去，进而导致利润率趋向全社会平均化，这将进一步遮蔽剩余价值的实质，从而加剧资本的拜物教性质。

利润转化为平均利润的原因，需要在与前资本主义社会的对比中说明。在前资本主义社会，商品生产的目的只是满足消费，因此并不存在利润率平均化的问题。但是在资本主义社会，资本家掌握了生产资料、购买劳动力，目的则是尽可能大地榨取劳动者无酬劳动形成的剩余价值。资本主义生产方式下，因为不同部门各自的资本有机构成不同，因而个别的利润率不同。资本有机构成低的部门，可变资本在资本有机构成中的价值比率高，因而可变资本推动的活劳动就少。工人剥削程度相当时，这些部门的剩余价值量就多，则其个别利润率就高。这样一来，资本有机构成高的部门不甘心获得低利润，而会通过资本转移，将自己的资本转到资本有机构成低的部门。当大量资本流入后，因为供过于求、价格下跌，又会引起该部门利润率下降。原本被流出的部门，则因为供不应求、价格上涨，引

---

① 《马克思恩格斯文集》第 7 卷，人民出版社 2009 年版，第 187 页。

起该部门利润率上升。部门之间资本自发的流出和流入，最终使得利润率在各部门相当，即形成平均利润率。

平均利润率的形成使得价值似乎由流通领域决定，这进一步掩盖了生产领域的剥削，加深了"利润是商品价值以外的东西"[①]的假象。各个企业的商品价值则转化为生产价格，即生产价格＝生产成本＋平均利润。这样一来，商品价格似乎就和产品自身的价值形成过程无关，而只是由一个外部因素决定。事实上，由前文分析可知，平均利润率是以特殊利润率为前提的，特殊利润率又是以商品自身价值决定的。因此，平均利润率的产生根源仍是商品自身的价值，而生产价格仅仅是商品价值的转化形式。但是商品价值转化为生产价格这种形式，也就完全看不出商品价值的实质，资本的拜物教性质也随之加深了。

第三节　资本拜物教逐步加剧与充分发展：剩余价值的分割

在资本主义生产方式下，剩余价值被分割为产业利润、商业利润、利息、地租等，这些形式使得资本拜物教不断加剧，经过充分发展后最终确立下来。

一、商业资本：资本拜物教的进一步加剧

在资本主义生产方式下，商业资本将从社会总资本中分离，这进一步使得价值仿佛是由流通领域决定的，由此加深了资本的拜物教性质。

---

① 《资本论》(第三卷)，人民出版社 2004 年版，第 188 页。

商业资本是产业资本处在流通领域内执行商业资本职能的独立化形式。商业资本其职能是在流通领域内执行的，即仅是起到媒介作用，使不同商品实现换个手的转让，从而由一种物的存在形式变为另一种"物"的存在形式。① 从商业资本自身特点可知，它是不生产价值（包括剩余价值）的。由前文分析已知，价值增殖发生在生产环节，商业资本只是在商品购买和销售时执行职能的资本，因此商业资本在这两个环节中并不发生价值增殖。

但问题在于，商业资本事实上的确获得了利润。对商业资本获利的根源进行分析将发现，其利润的来源仍旧是剩余价值，只不过其获利过程被掩盖起来了。商人在售卖商品时，商品的售价和买价所产生的差额（即商业资本利润），其实是产业资本家事先给商业资本家留下的价格差额，而并不是在流通领域中产生的，换言之，由于商业资本家的职能实际上是替产业资本家专职售卖商品，则产业资本家便不再能够像自己独立售卖商品那样，获得全部剩余价值，而必须把一部分剩余价值转让给商业资本家，而这部分剩余价值则被套上了"商业利润"的外壳。由此，商业利润的真正来源——剩余价值就被掩盖，而呈现出商业资本是通过流通职能本身在获利的假象。故当剩余价值经过分割而产生商业利润后，剩余价值的真正来源愈加被掩盖，加深了资本的拜物教性质。

二、生息资本：资本拜物教的最耀眼形式

在商业资本这一职能中，尽管剩余价值的来源被掩盖，但商业利润仍然表现为一种社会关系的产物。但是在生息资本的形式上，资本似乎已经脱离了流通领域、生产领域，由自身决定自己的增殖。如此，在生息资

---

① 《资本论》（第三卷），人民出版社 2004 年版，第 314 页。

本上"看到了资本的没有概念的形式，看到了生产关系的最高度的颠倒和物化"①，由此"资本的物神形态和资本物神的观念已经完成"②，资本表现为能够发生自行增殖的"物神"，"资本关系取得了最富有拜物教性质的形式"③。

生息资本是借贷资本家暂时贷给职能资本家的一种闲置资本，因而它是"作为资本的商品"④，其目的是取得利息。在生息资本形式上，货币的使用价值就是"创造价值"，即创造比它本身所包含的价值更大的价值，故生息资本的使用性质既不是被付出，也不是被卖出，而只是被贷出。由此，货币本身在可能性上已经是会自行增殖的价值，并且正是作为这样的价值被贷放。

生息资本的流通可简化为 G—W—G′，即"把货币让渡给第三者，把它投入流通，使它成为一种作为资本的商品"⑤。可以看到，G—W—G′ 表现为一种没有中介的结果，即一种简练的形式：G—G′，从而表现为等于更多货币的货币，比本身价值更大的价值。⑥"在这个形式上，价值——在这里也就是资本——是作为独立的交换价值而存在的"⑦。

通过揭示生息资本增殖秘密可知，在生息资本上资本拜物教取得了最耀眼的形式。生息资本增殖的秘密同样来自生产过程，其流通的完整公式应该是 G—G—W—P—W′—G′—G′。具体来说，生息资本只有通过投入生产过程在生产中榨取雇佣工人的剩余价值，才能实现增殖，进而职能资本家将剩余价值的一部分还给借贷资本家。其中，G—G 表示借贷资本家把资本借给职能资本家，G—W—P—W′ 则是职能资本家将借来的资本投

---

① 《资本论》（第三卷），人民出版社 2004 年版，第 442 页。
② 《资本论》（第三卷），人民出版社 2004 年版，第 440 页。
③ 《资本论》（第三卷），人民出版社 2004 年版，第 440 页。
④ 《资本论》（第三卷），人民出版社 2004 年版，第 378 页。
⑤ 《资本论》（第三卷），人民出版社 2004 年版，第 384 页。
⑥ 《资本论》（第一卷），人民出版社 2004 年版，第 181 页。
⑦ 《资本论》（第三卷），人民出版社 2004 年版，第 442 页。

入生产，商品价值从 W—W′—G′，这一过程揭示了资本似乎能够自行增殖的秘密，事实上这不过是产业工人创造的剩余价值。最后，G′—G′ 是职能资本家向借贷资本家还本付息的过程。

生息资本的完整公式被省略为 G—G′，这使得"资本取得了它的纯粹的物神的形式，即 G—G′，一个主体，一个可出售的物"[①]，由此掩盖了资本增殖的真正秘密。因为 G′=G+ΔG 只反映了借贷资本家和职能资本家之间的借贷关系，表示创造出更多货币的货币，因此 G—G′ 只表明生息资本的流通似乎既不像产业资本需要经过生产过程，也不像商业资本经过流通过程，而仅仅在两极货币之间运动，不经过中介过程便能够生出更多货币。由此一来，G—G′ 显示的不是货币到资本的实际转化，而只是这种转化的没有内容的形式，它使得生息资本好像是一个能够自行增殖的"物神"，而再也看不到它起源的任何痕迹。由此一来，资本对劳动的剥削实质被进一步掩盖，资本拜物教的程度加深了。

资本的运动继续加深着其拜物教的神秘性。职能资本家通过借贷资本进行生产获得利润，并分成利息和企业主收入两部分，这二者的分割进一步掩盖了剩余价值形成的根源，加深了资本的神秘性。

通过生产，职能资本家付给借贷资本家的一部分剩余价值是利息，职能资本家自己则获得企业主收入，企业主收入则被当作工资。从形式上看，企业主收入似乎是利用资本投入生产的结果，"是某种同资本的所有权无关的东西，不如说是他作为非所有者，作为劳动者执行职能的结果。"[②] 由此，在企业资本家眼里，自己获得的"是监督工资"[③]，即这是他自己付出了监督劳动所得的果实，是他应得的工资。

事实上，利息和企业主收入本质上都是剩余价值的不同部分。但是利

①《资本论》（第三卷），人民出版社 2004 年版，第 442 页。
②《马克思恩格斯文集》第 6 卷，人民出版社 2009 年版，第 426—427 页。
③《资本论》（第二卷），人民出版社 2004 年版，第 427 页。

息和企业主收入的对立，使得资本的神秘性进一步加深。一方面，利息使得资本和劳动的关系只表现为两个资本家的关系。马克思深刻地阐发到："它（利息——笔者注）是把资本的这种性质表现为某种在生产过程之外属于资本的东西，而不是表现为这个生产过程本身的独特的资本主义规定性的结果。它把资本的这种性质表现为一个资本家对另一个资本家的关系。"[1]另一方面，企业主收入更是使得资本和劳动的关系以"监督工资"的形式表现出来。在这种形式下，企业主收入是和雇佣工人的劳动不同的另一种劳动的工资，似乎"他创造剩余价值，不是因为他作为资本家进行劳动，而是因为他除了具有作为资本家的属性以外，他也进行劳动"[2]。由此一来，利息和企业主利润的对立使得资本变得更加神秘。

总而言之，在生息资本上，资本成为自行增殖的价值，成为会生出货币的货币，取得了它的最表面和最富有拜物教性质的形式。[3]由此，资本成了"物神"，这使得社会关系最终彻底颠倒地表现为"物"的关系，"这个自动的物神，自行增殖的价值，创造货币的货币，达到了完善的程度，并且在这个形式上再也看不到它的起源的任何痕迹了。社会关系最终成为物（货币、商品）同它自身的关系"[4]。

三、地租：具有充分的资本拜物教性质

地租是农业资本家以取得土地使用权为目的，从而交到土地所有者手中的部分剩余价值。它看似是由自然而不是劳动决定价值，但其本质仍是剩余价值的一种特殊表现形式，是土地所有权在经济上借以实现的

① 《马克思恩格斯文集》（第6卷），人民出版社2009年版，第429页。
② 《资本论》（第二卷），人民出版社2004年版，第430页。
③ 《资本论》（第三卷），人民出版社2004年版，第442页。
④ 《剩余价值理论》，人民出版社2010年版，第503页。

形式。^①

　　首先应该看到，地租本质上是一个不合理的概念。土地本身不是劳动产品，因此它没有价值。但是在资本主义生产关系下却产生价格，即土地价格。究其原因则在于，决定价格的其实是一些外在因素。首先，对经过人类开发的土地来讲，依旧没有价值，而只是属于固定资本的范畴。马克思曾举例说，如在土地上修建水渠所投入土地的资本，称为土地资本，它属于固定资本的范畴，并不是土地价值。使用土地的费用是租金，它除使用土地所支付的地租外，还包含其他使用土地而支付的费用，如土地使用者投入土地中的固定资本的利息。

　　土地自身无价值却有价格，其根源是对土地本身的垄断，即土地私有。土地是不可再生资源，这便意味着一旦有人占用，则别人就不可同时得到，即一方占有另一方就不能占有。在资本主义土地私有关系下，由此便会形成一种特殊的让渡方式——尽管土地自身无价值，但是土地使用者想要获得土地使用权，那就必须向土地所有者支付一定租金，这就使得无价值的土地具有了价格。

　　综上可知，地租自身的表现形式使它具有了最充分的拜物教性质，但本质上它是自然资源的所有权派生出的某种特定产权的价格。正如马克思所言："这种生产力借助某种魔术在土地所有者身上人格化了。"^②质言之，剩余价值转移到土地这一自然物上，表现为自然物自身的价值，但在本质上它仍是剩余价值的一部分。由此，地租的资本拜物教性质彻底显露出来。

　　至此，本章阐发了拜物教性质在资本关系上的进一步发展和显现。资本拜物教首先缘起于资本总公式的矛盾使得剩余价值的剥削本质表现为资本的自行增殖，并因劳动对资本的形式从属与实际从属的区分而加深，从

---

① 《资本论》（第三卷），人民出版社 2004 年版，第 697 页。
② 《剩余价值理论》，人民出版社 2010 年版，第 500 页。

而在工资形式上遮蔽了资本与劳动的关系。剩余价值在流通中的实现与转化，则进一步加剧了资本拜物教的深化。最后，剩余价值的分割过程使得资本拜物教得以充分发展，最终在生息资本上形成资本拜物教最耀眼的形式，由此解开了资本拜物教性质的秘密。

需要指出的是，本章揭示出马克思对资本主义生产方式导致的"社会关系被'物'所遮蔽"的客观事实的指认，由此呈现出资本主义生产方式的特征；然而，如果对资本主义社会中拜物教的实质认识不清而被这一假象所迷惑，形成"物是主宰一切的神"的错误认识，便会产生社会意识层面的错误拜物教观念。

第五章

马克思拜物教批判的第二重维度：
对虚假拜物教观念的批判

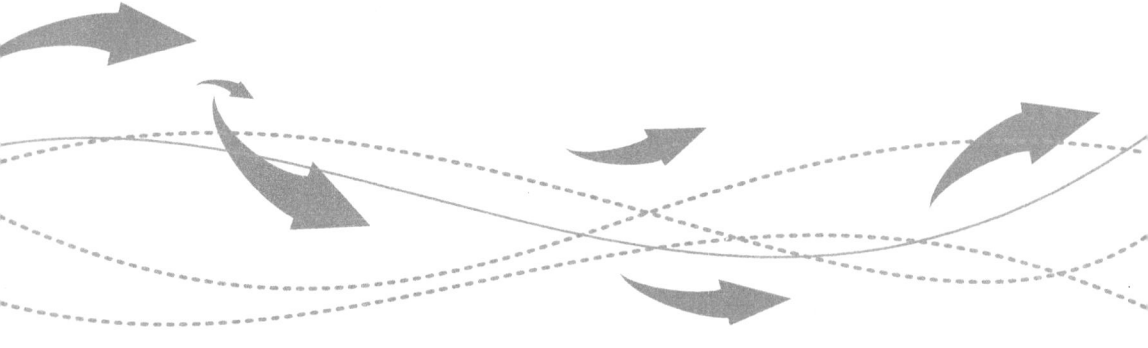

对商品、货币、资本拜物教性质的揭示，是马克思对"商品、货币、资本自身本质代表的社会关系本质必然通过'物'属性来承载"这一客观事实的阐释。如被"物"的表面所迷惑而看不到其本质，未能识别出这种假象，便会产生误认，从而导致拜物教观念。马克思对错误的拜物教观念进行了深刻剖析和尖锐批判，并在对比中凸显出历史唯物主义方法论的理论力量。本章对马克思批判资产阶级经济学家的错误拜物教观念进行剖析，由此表明导致上述错误观念的根源是历史唯物主义方法论的缺失，以进一步阐发历史唯物主义方法论的科学力量。

第一节　马克思对虚假商品、货币拜物教观念的批判

如果事物的表现形式和它的本质合二为一，那么科学就成为多余的了[①]，马克思在《资本论》第三卷中批判庸俗经济学的"三位一体"公式时如是说道，以此表明，资本主义社会中的生产关系并非事物的表现形式和事物的本质直接合二为一。由此看来，若一旦把这种"物"的表象当作本质，便会对资本主义生产关系产生歪曲的理解——而这正是资产阶级古典政治经济学家犯的错误。本节首先剖析资产阶级古典政治经济学家对资本主义生产关系的错误认识及由此导致的错误拜物教观念，其次探究马克思对错误拜物教观念的批判，最后以进一步加深对资本主义生产关系本质的认识。

---

① 《资本论》（第三卷），人民出版社 2004 年版，第 441—442 页。

一、马克思对虚假商品拜物教观念的批判

商品拜物教观念包括两类：第一类是以李嘉图为代表的近代资产阶级古典政治经济学派的商品拜物教观念；第二类则是近代资产阶级庸俗经济学家贝利等人的商品拜物教观念。马克思在《资本论》中对上述两类观念进行了集中批判。

1. 近代资产阶级古典政治经济学派：只看到价值实体，未窥探价值形式的秘密

以李嘉图为代表的近代资产阶级古典政治经济学派，他们只看到价值实体，而未能窥探价值形式的秘密，从而将商品看作具有"不言而喻的自然必然性"的非历史的东西。对于这一类商品拜物教观念，马克思首先对李嘉图关于价值量的认识表示了认可。马克思指出，李嘉图的认识尽管不算充分，"但已是最好的分析"[1]。但马克思随即指出，李嘉图们的研究也仅仅止步于此——他们的观点忽视了价值的质的方面，因为没有对"为何商品中单个人的劳动可以转化为同一的社会劳动"[2]问题进行剖析，换言之，未对形成商品的劳动的性质进行探究，这导致他们未曾发现"使价值成为交换价值的价值形式"，最终造成"极为混乱和矛盾"[3]的看法。

如果进一步思考为何近代资产阶级古典政治经济学派只分析价值实体（劳动）和价值量，而不追问劳动这一价值实体要采取"价值"这种形态，这一问题需要追溯到"价值的本质是什么"上。

如前文所言，价值这一概念是不容易掌握的。马克思在《资本论》中不止一次提到理解它的不易："劳动生产物的价值形态是资产阶级生产方

---

① 《资本论》（第一卷），人民出版社 2004 年版，第 98 页。

② 《马克思恩格斯全集》（第 44 卷），人民出版社 1979 年版，第 180—181 页。

③ 《马克思恩格斯全集》（第 44 卷），人民出版社 1979 年版，第 180—181 页。

式最抽象并且最一般的形态"，"以货币形式为完成形态的价值形式是极无内容和极其简单的。然而，两千多年来人类智慧对这种形式进行探讨的努力并未得到什么结果"，"这的确是琐事，但这是显微解剖学所要做的那种琐事"①。质言之，对价值形式的分析看似是关于价值的斤斤计较的"琐事"，然而，这又是极为重要的"琐事"。价值事实上是一个历史概念，从而表明资产阶级生产方式也是历史的产物。

近代资产阶级古典政治经济学派忽视了价值而只关注价值量，这导致他们将资本主义生产方式看作永恒生产方式的结果，最终形成了错误的商品拜物教观念。究其错误根源，马克思指出，部分源于"价值量的分析把他们的注意力完全吸引住了"②，更重要的原因则是，他们将资产阶级生产方式误认为是社会生产的永恒的自然形式，这种非历史性的思维方式导致他们"必然会忽略价值形式的特殊性，从而忽略商品形式及其进一步发展——货币形式、资本形式等等的特殊性"③。

总而言之，正如马克思所指出的那样："经济学家们的论证方式是非常奇怪的。他们认为只有两种制度：一种是人为的，一种是天然的。封建制度是人为的，资产阶级制度是天然的。"④近代资产阶级古典政治经济学派将价值看作是一种非历史性的存在，从而将商品看作了一种自然存在物，这导致他们产生了错误的商品拜物教观念。

2. 资产阶级庸俗经济学：商品拜物教徒的天真自白

第二类则是以贝利为代表的资产阶级庸俗经济学派。前文通过对资产阶级古典政治经济学家们观点的分析可知，事实上他们已经关注到了价值背后的劳动，只不过没有考察为什么劳动必然会采取价值形态；但是若和资产阶级古典政治经济学家们相比，资产阶级庸俗经济学派则完全被商品

① 《资本论》(第一卷)，人民出版社 2004 年版，第 8 页。
② 《马克思恩格斯全集》(第 44 卷)，人民出版社 1979 年版，第 180—181 页。
③ 《马克思恩格斯文集》(第 5 卷)，人民出版社 2009 年版，第 99 页。
④ 《马克思恩格斯文集》(第 1 卷)，人民出版社 2009 年版，第 612 页。

外在的现象形态所迷惑，而直接将价值理解为商品自身的自然属性。贝利认为："使用价值是人的属性，价值是商品的属性。"① 可见，在贝利看来，价值是作为自然物的商品体的自身属性。由此可知，持有这种观点的人对财富推崇至极，最终成了商品拜物教观念的教徒。

对于贝利等资产阶级庸俗经济学派的观点，马克思指出其错误根源一方面在于未能准确认识价值概念的实质，另一方面则由于他们被商品外在的价值量所吸引。马克思指出这根源于他们混淆了价值形式和价值本身，且他们一开始就只是被量吸引，而没有探究价值的质的方面②。这种忽视使得他们对价值概念形成了肤浅的理解，从而使得贝利及其后继者认为，商品的价值表现不过仅仅是一种外在的量的关系而已。但事实上，价值并非如贝利等人所认为的那样，似乎只是可有可无的反映商品之间的外在数量关系的概念，它本质上是一个反映了人和人的生产关系的重要概念。

总而言之，贝利之流完全基于商品自然属性来简单理解价值，一直在价值的外在形式上进行着并不深入的探索，导致他们将商品体的"物"的属性误认为价值本质，由此并未认识价值本质，最终也就错误地认识了商品的本质，而陷入商品拜物教观念的错觉之中。

相较李嘉图和贝利的错误，马克思则结合人类劳动方式的历史发展，发现了价值是一个历史性的概念，其本质上承载的是资本主义生产方式下劳动方式的历史性。正如柄谷行人在《跨越性批判——康德与马克思》中所指出马克思对于李嘉图和贝利的超越："价值形式理论的提出，结合了生产环节和交换环节，从而也超越了以唯理论为方法论基础的大卫·李嘉图学派和以经验论为方法论基础的贝利。"③ 马克思通过价值形式理论科学地认识了商品本质，从而有力地驳斥了错误的商品拜物教观念。

---

① 《资本论》（第一卷），人民出版社 2004 年版，第 102 页。
② 《资本论》（第一卷），人民出版社 2004 年版，第 71 页。
③ ［日］柄谷行人：《跨越性批判——康德与马克思》，中央编译出版社 2011 年版，第 163—164 页。

二、马克思对虚假货币拜物教观念的批判

完成货币拜物教第一重维度的批判后，马克思展开了对主观货币拜物教观念的批判，即货币拜物教第二重维度的批判：如果被货币身上"物的外衣"所迷惑，就会将"人的社会关系表现为货币的物的关系"看作货币自身的能力，"物质本身成了自我意识的颠倒的表象"①，从而对货币的本质产生错误理解，出现"货币万能"的错觉，导致对金钱的崇拜和迷恋的货币拜物教观念。错误货币拜物教观念的典型表现有三种：金属主义货币论、数量主义货币论、名目主义货币论。

1. 对金属主义货币论的批判

错误货币拜物教观念的第一种表现是金属主义货币论。金属主义货币论是西欧早期重商主义者的货币观，该观点认为，货币的实质和货币的"物属性"有关，而只要重复罗列各种曾经在某时起商品等价物作用的普通商品（如历史上曾充当货币的家畜、贝壳之类），就能够说明金属货币的神秘性质，因此该种观点认为金银天然就是货币，即黄金就是财富的化身，社会财富就是货币金属本身。

对于金属主义货币观，马克思批判道，他们未能理解货币形成的根源在于"必然转化为社会劳动的私人劳动"的历史性的劳动方式必须通过货币金属这一固定的"物"来体现，而这种社会关系在价值形式中就被说明了——价值形式就已经"包含着货币形式的全部秘密"。换言之，货币主义者们只被货币自身的"物属性"所蒙蔽，而没有认识到金银充当货币的实质，恰恰就是金银这种自然物承载着一种社会关系的"物"的集中表现，由此导致货币拜物教的错误观念。

---

① ［英］乔治·拉雷恩：《马克思主义与意识形态》，北京大学出版社 2013 年版，第 135 页。

质言之，金属主义由于"看不出货币代表着一种社会生产关系，却又采取了具有一定属性的自然物的形式"①，导致了错误货币本质观。因此，马克思精辟地批判道："金银天然不是货币。"②货币本质与货币金属之间没有关联，它并非货币金属物本身的"物属性"，而是自身承载着的一种社会关系。金银只在一定历史条件下才成为货币，它们是"具有历史性的劳动方式"这种人与人的社会关系所必然借助的"物"的承载体，而货币本质与它们的"物属性"无关。金属主义货币论正是被金属体本身的"物属性"所迷惑，而将这种自然物本身看作货币的本质，导致了货币拜物教观念。

2. 对数量主义货币论的批判

错误货币拜物教观念的第二种表现是数量主义货币论。该理论以洛克、休谟和李嘉图为代表，主要观点是商品的价格取决于一国内和商品总量相对应的货币数量多少。货币数量多过商品总量，价格就上涨；货币数量少于商品总量，价格就下跌。因此，数量主义货币论认为货币本质是一种流通手段。李嘉图货币学说突出代表了这一理论的核心观点。李嘉图认为："如果金的价值已定，流通中的货币量就决定于商品价格。因而在一定的时候，一国中流通的金量只是决定于流通中的商品的交换价值。"③因此李嘉图如此总结道，"对货币的需求完全是由货币的价值决定的，而货币的价值又是由它的数量决定的"④，由此李嘉图得出了结论：影响货币需求的根本因素是货币数量。

马克思尖锐地指出数量主义货币论的错误，并指出其错误根源在于方法论。一方面，货币数量论只注重价值量，由此李嘉图忽视了货币与劳动时间的根本关联，而没有深入资本主义生产内部实质。马克思进一步用历

---

① 《马克思恩格斯全集》(第31卷)，人民出版社1979年版，第427页。
② 《资本论》(第一卷)，人民出版社2004年版，第108页。
③ 《马克思恩格斯全集》(第31卷)，人民出版社1979年版，第154—155页。
④ 《马克思恩格斯全集》(第31卷)，人民出版社1979年版，第99页。

史唯物主义的方法，有力地驳斥了货币本质的错误根源："李嘉图忘掉去研究，劳动在什么样的一定形式上才是这种东西。"① 另一方面，货币数量论的根本错误在于把应当加以说明的东西假定为一种具有历史形式的事实，即抽象地认为货币是一种非历史性的事实，错误地理解了货币。

马克思进一步批判了古典政治经济学的方法论缺陷，彻底批判货币拜物教观念。马克思指出："（国民经济学家）把他应当加以说明的东西假定为一种具有历史形式的事实。"② 古典政治经济学抽象地认为货币是一种非历史性的事实，所以"将自身置身于虚构状态"，以至于不理解货币是私人组织社会劳动这一劳动发展阶段的基本性质的体现，不理解货币的本质归结于一定历史性的劳动方式。因此马克思说，"当人们把物在一定的生产方式的基础上取得的社会性质，或者说，把劳动的社会规定在一定的生产方式的基础上取得的物质性质说成是单纯的符号时，他们就把这些性质说成是人随意思考的产物"③，方法论的错误使其终究无法触及货币本质。马克思运用历史唯物主义的科学方法论，彻底批判了数量主义货币论的错误货币拜物教观念。

3. 对名目主义货币论的批判

错误货币拜物教观念的第三种表现是名目主义货币论。名目主义货币论把货币符号本身看作货币本质，认为货币是名义上的而并不是在交换过程中产生的，是国家创造出来的"指定的价值"。如哲学家贝克莱认为，"难道金、银或纸币不只是用来计算、记载和监督（价值比例）的记号或符号吗"④，"在交易中，人们注意的只是货币的名称通用与否，而不是银的量……国家的权威使金属成为货币"⑤。

---

① 《马克思恩格斯全集》（第31卷），人民出版社1979年版，第148页。
② 《马克思恩格斯文集》（第1卷），人民出版社2009年版，第156页。
③ 《资本论》（第一卷），人民出版社2004年版，第110—111页。
④ 《马克思恩格斯全集》（第46卷），人民出版社1979年版，第63页。
⑤ 《马克思恩格斯全集》（第46卷），人民出版社1979年版，第152页。

　　马克思对名目主义货币论进行了批判。马克思针对贝克莱的观点指出："这里一方面混淆了价值尺度和价格标准，另一方面混淆了作为价值尺度的金银和作为流通手段的金银。因为贵金属在流通行为中可以用记号代替，贝克莱就得出结论说，这些记号本身不代表任何东西，只代表抽象的价值概念。"[①] 对于斯图亚特，马克思则批判道："斯图亚特所说的只是货币在流通中充当价格标准和计算货币的现象……他由于不了解价值尺度向价格标准的转化，自然就以为用作计量单位的一定量金。"[②] 马克思借助对商品和货币本质的认识，进一步揭示出导致名目主义货币论的错误根源在于误以为货币的价值是在交换中形成的，从而导致错误地理解货币实质。

　　至此，马克思通过对货币拜物教批判两重含义的阐发，一方面，揭示了货币的客观物化性质，即人与人的劳动关系必然被颠倒地表现为货币的"物"的关系；另一方面，批判了因看不到货币的社会属性而被自然属性迷惑导致的错误货币拜物教观念。

第二节　马克思对虚假资本拜物教观念的批判

　　随着货币转化为资本，也对应出现了资本拜物教的错误观念。这一观念源于对资本本质的认识不清，而被资本的"物"的表象所迷惑，从而导致对资本本质的错误认识。本节阐发马克思对资本拜物教观念形成过程、发展过程的批判以及对集中表现资本拜物教的"三位一体"公式的总体批判。

---

① 《马克思恩格斯全集》（第 46 卷），人民出版社 1979 年版，第 63 页。
② 《马克思恩格斯全集》（第 46 卷），人民出版社 1979 年版，第 63—64 页。

一、生产过程与流通过程：资本拜物教观念的形成

1. "剩余价值形成于流通过程"的错觉与资本拜物教观念

资本拜物教观念产生于对剩余价值形成根源这一问题的认识。资产阶级理论家普遍认为，剩余价值是在产品流通过程中产生的，由此本来剩余价值的形成是在生产过程中，但是在资本家们看来，似乎剩余价值是从商品出售时的价格差额中产生的，由此剩余价值的诞生源泉仿佛就是流通过程。质言之，似乎商品中的剩余价值就是从商品的出售过程中产生的，而和生产完全无关。[①]

对于流通过程是剩余价值的源泉的观点，马克思认为这只是"表面的现象"[②]。马克思指出，"这种假象似乎证明了资本有一个神秘的自行增殖的源泉，它来源于流通领域"[③]，"政治经济学就更是抓住这个假象不放"[④]。尽管剩余价值的确要借助流通过程才能够实现，但是它形成的根源在生产过程，而前者仅仅是表象，政治经济学家被假象所迷惑，产生了错误的资本拜物教观念。

概言之，政治经济学家正是被"流通才能实现剩余价值"的表象所迷惑，将流通"实现"剩余价值误认为是流通"产生"剩余价值，从而认为资本增殖来源于流通领域，由此形成了资本拜物教观念。

2. "节欲论"错觉与资本拜物教观念

资产阶级理论家提出的"节欲论"观点则进一步体现了资本拜物教观念。"节欲论"认为，资本家进行资本积累，则意味着他们不能够用于自我消费，而要把部分资本投入生产。由此便造成一种假象，似乎资本家进

---

① 《资本论》(第三卷)，人民出版社 2004 年版，第 45—46 页。
② 《资本论》(第二卷)，人民出版社 2004 年版，第 142 页。
③ 《资本论》(第二卷)，人民出版社 2004 年版，第 142 页。
④ 《资本论》(第二卷)，人民出版社 2004 年版，第 142 页。

行资本积累的动因是他自身的"节欲"，是牺牲了自己的利益，即牺牲了眼前消费而进行投资，是"执行了他作为资本家的职能，即执行使自己致富的职能"①。由此，"节欲论"得出结论：投资利润是资本家们"节欲"的正当回报和补偿。

马克思通过考察利润与剩余价值的本质，剖析了"节欲论"的实质。马克思首先揭示了利润与剩余价值的内在联系，指出资本家投资的动机是剩余价值，而"利润"，即包括用于消费的"收入"和用于扩大再生产的"资本"，从根本上来说都是雇佣工人的劳动所带来的剩余价值的产物。因此，"节欲"现象根源于对剩余价值的追求，实质是对工人生产的剩余价值在不同途径上的占有。

基于对"节欲论"实质的剖析，马克思进一步指出，由于资产阶级理论家没有揭示出剩余价值和利润这二者的本质联系，使得他们"对待剩余价值和利润的态度是混乱的"②，从而进一步加深了资本拜物教观念。事实上，提出"节欲论"的经济学家们"陷在竞争斗争中，无论如何不能透过竞争斗争的现象来看问题"③，因而必然不能透过假象来认识内在本质。概言之，古典经济学家错误地认识了剩余价值和利润的关系，是导致"节欲论"的根源，这进一步加深了资本拜物教观念，掩盖了剩余价值的真正来源，掩盖了资本主义生产方式之下资本家对雇佣工人剩余劳动的剥削实质。

3. "流动资本形成资本增殖"的观点与资本拜物教观念

"流动资本形成资本增殖"的观点进一步加剧了资本拜物教观念。这种观点以亚当·斯密为代表，他试图用固定资本和流动资本概念取代不变资本和可变资本的概念。亚当·斯密之后，经济学家们则进一步认为，固

---

① 《资本论》（第三卷），人民出版社 2004 年版，第 682—683 页。
② 《资本论》（第三卷），人民出版社 2004 年版，第 682—691 页。
③ 《资本论》（第三卷），人民出版社 2004 年版，第 682—691 页。

定资本和流动资本的对立才是本质的对立和唯一的区别，而并不是可变资本和不变资本。

事实上，固定资本和流动资本概念进一步掩盖了剩余价值的真正来源。"由于可变资本和不变资本流动部分在周转中具有同一形式，它们在价值增殖过程和剩余价值形成上的本质区别就被掩盖起来"[①]，由此在流动资本这个概念下，剩余价值形成和增殖的秘密就被进一步掩盖起来。固定资本和流动资本两个概念是按照价值周转的不同方式得到的概念，其实质是可变资本和不变资本，它们在价值增殖过程和剩余价值形成上具有本质区别。但是固定资本和流动资本的提法，使得这种区别被抹杀了。亚当·斯密之后的资产阶级经济学家则进一步加剧了这种抹杀，这使得看起来似乎"资本的一切组成部分，就只有流通方式的区别（而商品流通当然只和已有的、既定的价值有关）"[②]。

造成上述错误认识的根源在于，资产阶级经济学家把形式规定性和本质属性相混同了。马克思指出，资产阶级经济学家"把那种由价值流通引起的经济的形式规定性和物质的属性混同起来"[③]，从而使得在一定社会关系内才形成的固定资本和流动资本，被看成是天生就具有资本特性。概言之，固定资本和流动资本只是由价值流通引起的资本的形式规定性，而不变资本和可变资本才真正反映了其本质属性，即社会关系。因此，资产阶级经济学家把形式规定性和本质属性相混同。

对形式规定性和本质属性的混同，导致剩余价值的真正来源彻底被掩盖，这加深了资产阶级经济学家们的资本拜物教观念。马克思说道："这种拜物教把物在社会生产过程中像被打上烙印一样获得的社会的经济的性质，变为一种自然的、由这些物的物质本性产生的性质。"[④]剩余价值的真

---

① 《资本论》（第二卷），人民出版社 2004 年版，第 223 页。
② 《资本论》（第二卷），人民出版社 2004 年版，第 244 页。
③ 《资本论》（第二卷），人民出版社 2004 年版，第 180 页。
④ 《资本论》（第二卷），人民出版社 2004 年版，第 251 页。

正来源被掩盖，使得资本的社会性质仿佛只是资本这种"物"的自然本性，资本拜物教观念加深了。

二、剩余价值的分割：资本拜物教观念的加剧

资本拜物教观念在剩余价值的分割过程中进一步加剧。具体而言，资产阶级经济学家们对商人资本本质的认识构成了又一错误的资本拜物教观念。资产阶级经济学家们认为，商人资本就是产业资本，就像采矿业、农业、畜牧业、制造业、运输业等是由社会分工造成的产业资本的分支部门，从而和产业资本的特殊投资领域一样，不管商人资本以商品经营资本的形式或货币经营资本的形式出现，都可看作产业资本的一个特殊种类。

对于此种观念，马克思指出，把商人资本看作产业资本的特殊种类是一种荒唐的看法。具体来说，产业资本的转化形式和不同生产部门各生产资本之间由于不同产业部门的性质不同而造成的物质区别，是有天壤之别的。[①]马克思对庸俗经济学家的上述混淆进行了剖析，并指出其错误根源是方法论的错误，即历史唯物主义方法论的缺失。马克思首先认为，造成庸俗经济学家资本拜物教观念的基础有两点：第一是他们没有能力说明商业利润的实质；第二是他们要把以基于商品、货币流通的资本主义生产方式所产生的商品资本形式和货币资本形式，说成是生产过程天然就有的。[②]庸俗经济学家们错误观念的根源是方法论错误，即历史唯物主义方法论的缺失。资产阶级经济学家看不到资本主义生产方式背后的历史性，而将其当作最为抽象、一般的前提，从而导致了错误的资本拜物教观念。

---

① 《资本论》（第三卷），人民出版社 2004 年版，第 360 页。
② 《资本论》（第三卷），人民出版社 2004 年版，第 360 页。

三、对资本拜物教观念的整体性批判："三位一体"公式

对资本拜物教的形成和加剧过程进行批判后，马克思对资本拜物教观念的集中体现——"三位一体"公式，即"资本—利息""土地—地租""劳动—工资"进行了系统批判。

1. "三位一体"公式的基本观点

"三位一体"公式的基本观点是，在资本主义生产方式下，资本、土地、劳动力分别为资本家带去利息、为土地所有者赚取地租、为雇佣工人带来工资，它们分别形成资本家、土地所有者和雇佣工人的常年收入。进一步来看，利息、地租和工资则是它们各自的产物，它们的果实。这样，资本家的资本、土地所有者的土地、雇佣工人的劳动，对于资本家、土地所有者和雇佣工人而言，就是他们各自分别的收入源泉。前者是根据，后者是归结；前者是原因，后者是结果。①

2. 马克思对"三位一体"公式的批判

对于"三位一体"公式马克思批判道，这是"三个不能通约不能综合在一起的量"，它本质上是各种经济关系异化的表现形式。而据此形成的资本拜物教观念，其形成根源是"从资本主义生产方式的本质中产生出来的——这种观念把经济的形式规定性看成是这些形式规定性的物质承担者本身所固有的属性"②。

马克思对"三位一体"公式进行了逐一剖析和批判。

第一，就"资本—利息"来说，马克思指出，这只是"一种异化的形式"。首先，马克思分析了资本概念，他指出"资本不是物，而是一定的、社会的、属于一定历史社会形态的生产关系，后者体现在一个物上，并赋

---

① 《资本论》（第三卷），人民出版社 2004 年版，第 924 页。
② 《资本论》（第三卷），人民出版社 2004 年版，第 528—529 页。

予这个物以独特的社会性质。资本不是物质的和生产出来的生产资料的总和"①，从而形成了神秘的形式。其次，基于对资本本质的剖析，马克思揭示了"资本—利息"的荒谬。"正是在资本—利息这个形式上，一切媒介都已经消失"②，从而资本变成了最荒谬的形式。最后，马克思进一步指出，这个公式在生息资本上得到了最充分的发展，拜物教的秘密也被掩盖得最深："利息则好像和工人的雇佣劳动无关，也和资本家自己的劳动无关，而是来自作为它本身的独立源泉的资本。"③ 概言之，在"资本—利息"这个形式上，因为一切中介都消失，资本归结为它的最一般的也是最为荒谬的公式，资本拜物教观念加深了。

第二，"土地—地租"的实质是，它未能看到土地本质上承载的是一种社会关系，而将土地的自然力当作了本质。首先应该对土地概念进行深入剖析。"土地的绝对肥力所起的作用，不过是使一定量的劳动提供一定的、受土地的自然肥力所制约的产品。"④ 因此，如果把土地当作一种"物"来理解，而看不到其实质承载的社会关系，那就会陷入对土地的资本拜物教观念之中。由此，马克思对上述两个公式总结道："资本利润（企业主收入加上利息）和地租不过是剩余价值的两个特殊组成部分，不过是剩余价值因属于资本或属于土地所有权而区别开来的两个范畴"⑤。概言之，资本利润和土地地租事实上都是剩余价值的产物，如果看不到这一点，而将其当作能产生剩余价值的"物"，便会陷入资本拜物教观念之中。

总而言之，土地是无机的自然界，它自身不可能产生价值，土地的肥力问题，不过是使一定量的劳动受到制约的因素。⑥ 因此，土地的自然力

① 《资本论》（第三卷），人民出版社 2004 年版，第 922 页。
② 《资本论》（第三卷），人民出版社 2004 年版，第 925—926 页。
③ 《资本论》（第三卷），人民出版社 2004 年版，第 939 页。
④ 《资本论》（第三卷），人民出版社 2004 年版，第 922 页。
⑤ 《资本论》（第三卷），人民出版社 2004 年版，第 939 页。
⑥ 《资本论》（第三卷），人民出版社 2004 年版，第 922 页。

本身不能够被当作价值来源来理解，从而土地自然力和劳动力这是两种不同质的东西，它们不能够被设定为同样的比例，它们不可比较。但是，如果错误地把土地自然力当作一种价值来源来理解，而看不到其实质承载的社会关系，那就会陷入对土地这一自然物的崇拜，从而陷入对于土地的资本拜物教观念之中。

第三，"劳动—工资"同样是荒谬的。马克思首先对劳动概念做了如下澄清：劳动"只是指人借以实现人和自然之间的物质变换的人类一般的生产活动"①。基于对劳动概念的认识，劳动和工资的对应因此便是一种荒谬："价格只是价值的一定表现。"②可见，关于劳动的拜物教观念掩盖了劳动的实质。

对"三位一体"公式进行逐一剖析并揭示其本质后，马克思进行了总体性批判，表明这一公式的实质是庸俗经济学家们未能看到事物表现形式背后的本质，而将作为"中介"的表现形式本身直接当作了本质。概言之，资本拜物教观念根源于庸俗经济学家们将资本、土地、劳动这些作为"中介"的表现形式直接当作本质，并进一步加以解释、系统化和辩护，这是一种错误观念，将导致对资本主义生产方式的错误认识。

通过梳理马克思对资本客观物化性质的揭示和对资本拜物教主观观念的批判，呈现了马克思资本拜物教批判理论的二重维度，即对"颠倒的世界"的揭示和"错位的观念"的批判。一方面，马克思对资本物化性质的批判是马克思批判资本主义生产方式的一把"此岸的钥匙"，发现了资本主义生产方式的客观物化性质，即在一定历史阶段的劳动方式下，"物"的关系掩盖了人的关系，进而导致"物"支配人。这构成马克思政治经济学研究中的一大显性逻辑。另一方面，马克思对错位的错误资本拜物教观念进行了系统阐释和批判，说明若被"物"的表面所迷惑而看不到其本

---

① 《资本论》（第三卷），人民出版社2004年版，第922页。
② 《资本论》（第三卷），人民出版社2004年版，第926页。

质，便会形成主观的错误拜物教观念。这对于科学认识资本本性、把握资本的行为规律、探索资本治理问题具有重要意义。

第三节 辨别马克思拜物教批判理论 二重维度的意义

在剖析了马克思对作为观念上层建筑的拜物教批判后，有必要结合目前学界对这一问题的研究和认识展开进一步思考，并对认识该问题的方法论进行反思。

一、区分拜物教观念和拜物教性质

从学界对拜物教观念的理解来看，有部分学者在一定程度上混淆了拜物教观念和拜物教性质。事实上，拜物教观念和拜物教性质二者本质上并不相同，因此有必要区分它们内涵的异同。

1. 一种认识局限：将拜物教观念和拜物教性质二者混淆

学界有一种观点认为，商品拜物教是一种社会意识，它只是人们的主观错认。如日本马克思主义学者河上肇曾指出，人和人的关系采取"物"和"物"的关系这一幻想形态[①]。由此，人和人的关系好像是"物"和"物"的关系，同时，借这些"物"所媒介的社会关系又附着在这些"物"上面。而作为这些"物"所具有的物理的自然的属性反映于人们的眼里，这就是马克思所说的"Quadrium"（即一物与他物调换）。[②] 总的来看，河上肇将"价值实体必然通过'物'的外在形态反映出来"这一资本主义生

---

① 《资本论》（第一卷），人民出版社 2004 年版，第 89 页。
② ［日］河上肇：《"资本论"入门》（上册），仲民译，生活·读书·新知三联书店 1959 年版。

产方式客观事实看作人们的一种"幻想形态"，即人们把价值实体当作产品的物质属性的拜物教观念。持类似观点的不在少数，如有学者将商品拜物教解释为"人跪倒在自己的劳动产品——商品面前"或认为人"成为商品的膜拜者"[①]，或指出"拜物教是一种幻觉意象"[②]等，从而认为商品拜物教就是人对商品的狂热迷恋和极度崇拜。

通过前文对拜物教批判逻辑理路的分析可知，河上肇混淆了拜物教观念与拜物教性质。具体来看，河上肇把商品价值形式中的"Quadrium"误认为了人们主观观念中的"Quadrium"，即把"价值实体必然通过物属性来迂回地呈现的作为客观事实的假象"，与"因未能认识这种假象的实质把'物属性就是资本主义生产方式的本质'作为人们的主观认识的错觉"相互混淆了。以至于得出如下错误结论："商品生产社会的拜物教是反映其社会存在的社会意识"[③]，而"这种特殊的社会意识发生于被拘囚在商品生产关系中的人们的头脑中，那是根源于客观地存在于他们头脑之外的、他们的社会关系的特殊性"[④]。

概言之，把拜物教观念与拜物教性质混淆是一种认识局限，有必要更加准确地剖析其理论实质。

2. 拜物教性质与拜物教观念的关系辨析

（1）拜物教性质是一种客观假象，拜物教观念是一种主观错觉

对马克思拜物教批判三个逻辑环节的阐发可知，马克思的批判其实包含了二重维度、三个环节。二重维度在于：第一重维度是对商品、货币、资本物化性质的揭示，第二重维度则是对商品、货币、资本拜物教作为观

---

① 仰海峰：《商品拜物教：从日常生活到形而上学》，《马克思主义与现实》2014年第2期。
② 王晓升：《巴黎"现代性的迷宫"——本雅明对拜物教的批判》，《马克思主义与现实》2018年第3期。
③ ［日］河上肇：《"资本论"入门》（上册），仲民译，生活·读书·新知三联书店1959年版，第236页。
④ ［日］河上肇：《"资本论"入门》（上册），仲民译，生活·读书·新知三联书店1959年版，第246页。

念上层建筑的批判。第一重维度的批判说明了商品、货币、资本代表的社会关系本质必然通过"物"属性来承载，这是对真实事物的歪曲反映，这是一种客观存在的假象；第二重维度的批判说明由于未能识别这种假象而被"物"的表面所迷惑并产生误认，最终导致错误的商品、货币、资本拜物教观念，这是一种主观错觉。

（2）拜物教性质是拜物教观念的现实基础

作为一种主观的错觉，拜物教观念具有其现实基础，这就是作为社会存在的客观的拜物教性质。拜物教性质"是马克思深入资本主义生产关系，对一定历史阶段下'资本主义生产关系必然表现为物与物'这一客观的物化特性的根本揭示，是对资本主义生产方式的一种'真实的'意识"[1]，因而是对资本主义生产关系本质的深刻洞悉。在此基础上，形成了拜物教观念的错觉。正如卢森贝在《资本论注释》中所言："存在决定意识，客观的拜物教产生主观的偶像。马克思指出，商品拜物教、物对人的统治，迷惑了经济学家的头脑，他们当真以为货币及诸如此类的东西具有超自然的属性。"[2]

（3）拜物教观念是因"未认清拜物教性质"而导致的错觉

如果说拜物教性质本质上是一种假象，那么拜物教观念的实质则是一种未能认清假象导致的错觉。正如马克思所言，"对这种社会意识的研究在《资本论》中是其次的、第二位的"，它是商品生产的"客观物性特征"在一部分人的头脑中歪曲成对于商品的错误认识。这种错认是一种必然，因为"从这种颠倒的关系出发……也必然产生出相应的颠倒的观念，即歪曲的意识"[3]，作为社会存在的商品拜物教性质首先产生，商品拜物教观念则是在此基础上形成的错误观念。亦如有学者指出的那样，"揭示在这种

---

[1]　苗贵山:《马克思"拜物教"批判思想研究》,《中国特色社会主义研究》2010 年第 6 期。

[2]　［苏］卢森贝:《资本论注释》,生活・读书・新知三联书店 1963 年版,第 104 页。

[3]　《资本论》(第三卷),人民出版社 2004 年版,第 57 页。

经济形式下社会生产关系借以实现或表现的形式，在此基础上产生的社会意识，马克思一般称为拜物教思想或拜物教观念"，即在作为社会存在的商品拜物教理论基础上，才产生出作为社会意识的商品拜物教——"指向资产阶级经济学家们的拜物教观念"①。

综上所述，拜物教性质是一种假象，而拜物教观念则是一种错觉。作为对客观必然的揭示，对拜物教性质的揭示揭露了"资本主义生产方式借助'物'来实现自身"的客观性、必然性和历史性，这是一种假象，即本质通过"物"来体现的假象，是客观存在的真实事物的迂回反映——资本主义历史阶段的劳动方式必然以"物"的形式最终反映出来和实现。拜物教观念则源于对资本主义生产拜物教性质本身认识不足、无法理解假象的这种迂回的实质，将"物"放置于至高无上的地位，进而形成"物是资本主义生产的实质"的错觉，最终形成拜物教观念的错误认识。

清晰区分作为社会存在的拜物教性质和作为社会意识的拜物教观念具有重要意义。正如有学者所言，商品拜物教的性质究竟是一种社会存在还是社会意识，这不是一个细枝末节的问题，它根本的关系能否真正深刻地理解资本主义生产关系本身，以及从其本质所表现出来的具体表现形式。②作为社会存在的商品拜物教，"隐含着全部历史唯物主义，隐含着无产阶级的全部自我认识，也就是对资本主义社会的认识（和对以前的社会的认识，以前的社会都是通向这一社会的阶梯）"③，它是马克思剖析资本主义社会生产方式的重要理论成果。马克思主义经济人类学代表人物戈德利尔也曾指出，马克思的伟大之处就是通过对商品、货币、资本等的分析，剖析了那些被资本主义生产方式中颠倒的各种事实，从而阐明了带有虚幻性

---

① 刘召峰：《马克思拜物教批判的三重指向与历史性自觉》，《马克思主义研究》2019 年第 4 期。
② 薛志贤：《"商品拜物教"揭示的是社会生产关系还是社会意识？》，《教学与研究》1982 年第 1 期。
③ ［匈］卢卡奇：《历史与阶级意识》，商务印书馆 2017 年版，第 263 页。

的社会关系。① 因此我们必须认识到，任何浅尝辄止的解读都会影响马克思主义经济理论的解释力和说服力，若仅将拜物教理论理解为对商品、货币、资本世界的一种心理上的迷恋和崇拜，则是对马克思揭露和批判资本主义生产方式的片面解读，这将导致马克思经济理论的说服力被不同程度地削弱。因而，必须科学认识并清晰地区分客观的拜物教性质和人头脑中产生的主观拜物教观念。②

　　厘清马克思商品拜物教批判的二重维度、三个环节之后，一个与之相关的重要问题也就迎刃而解，即缘何马克思对作为观念上层建筑的商品拜物教的批判篇幅并不大。从前文分析可知，马克思商品拜物教批判的根本用意是通过剖析资本主义生产方式，从而对商品的物化性质进行批判。质言之，是通过对资本主义生产关系的物化性质的揭示，透彻地揭示拜物教观念得以产生的社会生产关系根源，最终解开资本主义生产的秘密。而观念上层建筑拜物教的批判，则是对资本主义社会中商品崇拜的表象批判，很显然这并不是马克思剖析与批判资本主义的核心论题。因此，在商品拜物教观念的批判上马克思并未投入过多笔墨。解读马克思的拜物教批判思想时，应着重注意区分拜物教性质和拜物教观念的不同含义。

二、区分拜物教观念与恋物癖

　　对于拜物教观念，学界还有一种观点将其与精神分析学派的恋物癖等同。事实上，这种观点存在一定局限：拜物教观念是因对拜物教性质的认识不足而导致的一种错误社会意识，因而它是基于社会存在假象而产生的错觉，与恋物癖的内涵存在区别。

---

① ［日］栗本慎一郎：《经济人类学》，王名等译，商务印书馆 1997 年版，第 23 页。
② 薛志贤：《"商品拜物教"揭示的是社会生产关系还是社会意识？》，《教学与研究》1982 年第 1 期。

第一，二者的理论内涵与实质不同。国内有学者对拜物教和恋物癖的内涵进行了深入研究。吴琼认为，"拜物教"和"恋物癖"作为外来词汇，在汉语中的两个通行的翻译正好对应着马克思主义和精神分析学的两种不同语境：从商品生产的逻辑来讨论拜物教的社会构成及其后果，是一种"社会症状阅读"，后者从主体欲望的运作来讨论恋物癖的心理机制及其效果，是一种"主体症状阅读"。① 马克思对拜物教的批判是建立在对资本主义生产方式的批判之上的，拜物教是作为遮蔽、暴露秘密的扭结点而构成资本主义社会的一种症状，其重点是对拜物教的意识形态"内容"及其"经济基础"的批判。由此，马克思揭示的便不仅是商品生产的秘密，还包括社会关系的生产与再生产的秘密，因而他的批判是对社会的症状式阅读。恋物癖研究则是一种精神分析学，关注的是恋物主体在对象身上的欲望运作，例如主体何以会痴迷于拜物/恋物式的消费。② 夏莹认为，马克思着意于向外关注，弗洛伊德着意于向内关注。③ 综上所述，拜物教观念和恋物癖的理论实质是截然不同的：前者是对社会存在认识不足形成的错误社会意识，其理论实质仍然是强调对资本主义生产方式的揭示和批判；恋物癖则是一种精神分析，分析人缘何产生对"物"的迷恋，其指向对人自身的心理机制的分析。

第二，二者的形成机制不同。对于恋物癖的形成机制，弗洛伊德认为是根源于主体对女性缺失的阳具的替代，恋物对象是女性/母亲缺失的阳具的替代④。后来拉康发展了这一理论。他认为恋物癖中充当恋物对象的"物"实际上是一个符号，"物神是一个符号"⑤，它充当着联系主体与世界

---

① 夏莹：《马克思拜物教理论的双重内涵及其在西方马克思主义中的演化路径》，《马克思主义与现实》2014 年第 2 期。

② 吴琼：《拜物教/恋物癖：一个概念的谱系学考察》，《马克思主义与现实》2014 年第 3 期。

③ 夏莹：《马克思拜物教理论的双重内涵及其在西方马克思主义中的演化路径》，《马克思主义与现实》2014 年第 2 期。

④ 吴琼：《拜物教/恋物癖：一个概念的谱系学考察》，《马克思主义与现实》2014 年第 3 期。

⑤ 吴琼：《拜物教/恋物癖：一个概念的谱系学考察》，《马克思主义与现实》2014 年第 3 期。

的中介，它使那不可见的东西以可见的形式或形象表现出来，所以它的功能根本就是"帘"或"幕布"的功能。对比恋物癖根源于复杂的心理机制，拜物教观念的形成则基于对客观的社会存在认识不足，导致"物是资本主义生产的实质"的错觉，从而将"物"放置于至高无上的地位，最终形成错误的拜物教观念，是一种错误的社会意识。

综上所述，尽管从词源命名来看拜物教观念和恋物癖颇为相似，但二者在理论内涵与实质、形成机制等方面都截然不同。差之毫厘，谬以千里，在认识马克思拜物教批判理论时切不可将拜物教观念和恋物癖混淆，要格外注意区分其内涵实质。

三、凸显了历史唯物主义的方法论力量

通过对拜物教观念的剖析可知，该错误观念的形成根源是历史唯物主义方法论的缺失。因此，对拜物教观念的批判也愈加凸显出历史唯物主义方法论的科学力量。对历史唯物主义方法论的强调，得以避免陷入国民经济学家们"将历史的东西永恒化、一般化"的错误中，从而认识资本主义生产方式具体的、特殊的、历史的特性。

1. 对拜物教性质的揭示是历史唯物主义方法论的理论成果

事实上，将经济关系的基础立足于具有一定历史性的劳动方式，是马克思拜物教批判的真正用意。马克思指出："货币形式，用物的形式掩盖了私人劳动的社会性质以及私人劳动者的社会关系。"[①] 通过前文对拜物教性质的剖析可知，马克思正是通过对社会劳动的历史性质的阐释，表明商品、货币、资本是具有一定历史性的劳动方式的表现。然而，过去对拜物教批判的关注点大都聚焦在"物的形式"上，但其实马克思强调的是"私

----

① 《资本论》（第一卷），人民出版社 2004 年版，第 93 页。

人劳动的社会性质以及私人劳动者的社会关系"这一社会关系，而这一问题事实上才真正体现马克思方法论的强大理论力量。马克思运用历史唯物主义方法论，剖析了资本主义生产方式得到作为社会存在的拜物教理论，指认了商品经济所具有的"商品生产关系必然物化"的客观性质。因此，只要商品生产关系还在，这一理论便不会过时，它将仍具洞察时代和批判时代的理论说服力。

2. 拜物教观念是历史唯物主义方法论缺失的结果

错误的拜物教观念无法认识商品、货币、资本的实质，其根源就在于历史唯物主义方法论的缺失。

古典政治经济学分析货币时，为价值量所吸引，而忽略了价值形式及其历史性。因此，他们把资本主义生产方式当作最为抽象、一般的前提加以使用，而看不到这种生产方式背后的历史性，即"如果把资产阶级生产方式误认为是社会生产的永恒的自然形式，那就必然会忽略价值形式的特殊性，从而忽略商品形式及其进一步发展——货币形式、资本形式等的特殊性"①。

正因为不理解货币所依赖的劳动方式的历史性质，导致政治经济学家们幻想在资本主义条件下可以直接发行小时券，但在私人劳动和社会劳动的矛盾还未解决之前，小时券只能是一个幻想。根据前文分析，资本主义生产方式下，市场中还有其他竞争者，因此就必须考虑别人也在生产，劳动时间就不能直接对象化，故劳动产品在商品经济下并不能直接表现为时间。因此劳动必须要表现为价值，即个人产品或活动必须先转化为交换价值的形式，转化为货币，并且个人通过这种"物"的形式才取得和证明自己的社会权力。在劳动必须表现为价值的历史阶段，工人们的命运是悲惨的，可见小时券只能是不切实际的幻想，真正的现实是无数工人的悲

---

① 《资本论》（第一卷），人民出版社 2004 年版，第 99 页。

惨命运。

总而言之，古典政治经济学分析货币时，为价值量所吸引，而忽略了价值形式及其内含的历史性这一本质，因此他们把资本主义经济关系当作最为抽象、一般的自然的经济关系。

3. 在对比中凸显历史唯物主义方法论的科学力量

在与古典政治经济学家们的对比中，还进一步凸显了马克思的历史唯物主义方法论的科学理论。古典政治经济学家们将商品、货币、资本作为默认的前提，而将其当作永恒不变的真理，马克思则运用历史唯物主义方法论，对商品、货币、资本的本质进行了由表及里的逻辑分析，指出其最深层逻辑是指私人劳动转化为社会劳动的媒介物——正是作为这种媒介物、作为私人劳动向社会劳动转化的中介，它们才获得了自身最深刻的规定。因此，上述三者的真正根源是社会劳动方式的一定历史性质。由此揭示了拜物教批判的最深层逻辑在于，"物"是私人劳动向社会劳动转化的媒介物。这一层逻辑，将商品、货币、资本看作私人劳动和社会劳动的集中体现，看作人类劳动方式的一定历史性质的集中表现。由此便把它们的本质归结到人类劳动发展史的一定阶段上去，这揭示了资本主义劳动方式——商品生产相对于小生产和未来共产主义社会的历史属性，表明了人类劳动所具有的历史性。

总而言之，对拜物教的批判凸显了历史唯物主义方法论的科学力量。正如列宁所说，"凡是资产阶级经济学家看到物与物之间的关系的地方（商品交换商品），马克思都揭示了人与人之间的关系"[1]。马克思正是运用历史唯物主义的方法论，不把所谓前提当作恒定不变的，而是从中发现了劳动方式的历史性质，由此阐发出"劳动产品的价值形式是资产阶级生产方式的最抽象的但也是最一般的形式，这就使资产阶级生产方式成为一种

---

[1] 《列宁选集》（第2卷），人民出版社2012年版，第444页。

最特殊的社会生产类型，因而同时具有历史的特征"①的结论。因而在劳动发展史中揭示了资本主义时代的劳动方式的历史性，找到了理解人类历史的钥匙。

至此，本章对商品、货币、资本拜物教性质的错认将导致错误的拜物教观念，即对马克思批判国民经济学拜物教观念的过程进行了阐发。以李嘉图为代表的近代资产阶级古典政治经济学的商品拜物教观念只分析了价值实体（劳动）和价值量，却没有分析为什么价值实体（劳动）必须采取"价值"这一形态。近代资产阶级庸俗经济学家贝利等人的商品拜物教观念，其尽管注意到了价值，但是只在价值形态的现象上徘徊，从而产生出商品拜物教观念，使其观点只能成为"商品拜物教徒的天真自白"。在此基础上，对马克思批判资本拜物教观念和"三位一体"公式的资本拜物教整体批判进行阐释，由此认识了拜物教观念的实质。与此同时，对拜物教观念和拜物教性质、拜物教观念和恋物癖等概念进行了对比和辨析，愈加廓清了认识误区，对拜物教观念有了更准确的认识，从而表明任何为资本主义辩护的经济学都不仅仅是意识形态的产物，而是对被颠倒和掩盖资本主义本质所迷惑的结果，由此进一步凸显出历史唯物主义方法论的科学力量。

历史唯物主义方法论亦为理性看待当代对拜物教理论的再阐释，进而科学审视拜物教的最高发展形式提供了正确的方法论指引。

---

① 《资本论》（第一卷），人民出版社 2004 年版，第 99 页。

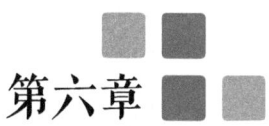

第六章

马克思拜物教批判理论的
当代之维

在马克思之后，众多学者从多重角度对拜物教问题进行了新探索，并尝试在此基础上进行理论创新，这些再诠释的代表性路径有两种：一种倾向于从异化论、宗教隐喻、合理化体系、无意识、符号崇拜等角度进行解读，代表人物有卢卡奇、鲍德里亚、齐泽克等；另一种解读路径则立足于政治经济学批判视角，确切地说立足于价值形式理论来解释拜物教问题，代表人物和学派包括苏联学者鲁宾和以巴克豪斯为代表的德国新马克思阅读运动，以及以克里斯·亚瑟为代表的英美世界新辩证法学派等。有必要对前述新探索的剖析进行反思，结合当代现实展望拜物教批判理论的当代发展。有鉴于此，本书阐释人本主义解读路径和价值形式解读路径，反思其贡献与局限，在此基础上尝试对拜物教批判理论的前景进行展望，以期提供理论与现实启示。

第一节　拜物教批判新探索之人本主义路径

一、卢卡奇与假象拜物教批判

1. 拜物教批判理论的物化解读

卢卡奇在继承马克思的商品拜物教批判理论基础上，提出了自己的物化理论，并把物化理论进一步拓展到了意识领域，提出假象拜物教批判。

卢卡奇首先高度肯定了马克思拜物教批判理论的理论价值，在此基础上，卢卡奇以"物化"为核心范畴和中心线索，对组织化资本主义社会的物化现象进行了研究。对于马克思拜物教批判理论的意义，卢卡奇予以高度评价，认为马克思关于商品拜物教的篇章"隐含着全部历史唯物主义，隐含着无产阶级的全部自我认识"①。卢卡奇认为，商品结构的"这种对象性以其严格的、仿佛十全十美和合理的自律性掩盖着它的基本本质，即人与人之间关系的所有痕迹"②。在卢卡奇看来，人们把合理化了的资本主义生产过程当作自然界之外的人造"第二自然"，完全屈从于生产过程的合理化控制，从而导致主客体地位发生了完全的颠倒和异化。③他把这种人们本身劳动的社会性质反映成劳动产品本身的"物"的性质的现象称为"物化的基本现象"④。

基于对生产过程物化现象的研究，卢卡奇把物化同现代社会的理性化过程结合起来，汲取了韦伯的理性化理论和席美尔的物化思想，多角度分析了技术理性时代对人的主体性的消解，揭示了现代社会的物化现象，批判了发达工业社会条件下由于工具理性导致的人的生存困境⑤。

卢卡奇指出理性化时代呈现出如下几种物化形式：首先，人的数字化。卢卡奇指出，发达的商品经济遵循"建立在被计算和能被计算的基础上的合理化原则"，逐步形成依据商品本性和理性原则建立起来的机械化体系。由此，劳动者便被置身于抽象的数字化体系中，失去了主体性，而沦落为固定动作的机械重复者。其次，主体的客体化。卢卡奇认为现代社会的另一个物化表现是主体的客体化，他指出："由于工作过程的合理化的原因……他是被结合到机械体系中的一个机械部分。"⑥人在现代社会中沦为被动、消极的客体。最后，人的原子化。物化现象的后果是，人的数字化和主体的客体化造成人与人之间联系的丧失，进而导致了人的原子化。

① ［匈］卢卡奇：《历史与阶级意识》，杜章智等译，商务印书馆 2017 年版，第 144 页。
② ［匈］卢卡奇：《历史与阶级意识》，杜章智等译，商务印书馆 2017 年版，第 144 页。
③ 张双利：《资本主义宗教与历史唯物主义——论马克思主义拜物教批判思想在 20 世纪的复兴》，《世界哲学》2012 年第 6 期。
④ ［匈］卢卡奇：《历史与阶级意识》，杜章智等译，商务印书馆 2017 年版，第 150 页。
⑤ 衣俊卿：《异化理论、物化理论、技术理性批判——20 世纪文化批判理论的一种演进思路》，《哲学研究》1997 年第 8 期。
⑥ ［匈］卢卡奇：《历史与阶级意识》，杜章智等译，商务印书馆 2017 年版，第 99 页。

如卢卡奇所说，"由于禁锢他们机械抽象规律的作用，在日益扩大的范围内他们成了中介"①，社会完全按照"物"的原则组织和运转，人在物化的社会中成为彼此孤立的个体，就像原子一般互不相干。

卢卡奇认为物化现象带来了极其严重的后果，这即是人们形成的物化意识。卢卡奇透过商品关系产生的物化，发现其对社会和人本身带来的巨大影响，他指出："物化，更确切地说，这种情况既发生在客观方面，也发生在主观方面，如'泰罗制'使得工人和人格相对立。"②由此可见，"这种合理的机械化一直推行到工人的灵魂里"③，物化现象对人的意识产生了根深蒂固的影响，从而使人格被客体化。

对于物化意识的消除，卢卡奇提出了自己的解决途径，这就是结合韦伯的合理化原则，唤起无产阶级的阶级意识，发挥无产阶级在世界历史中的主客同一体作用，以此来打破资本主义所催生的牢固的物化结构。总而言之，卢卡奇通过对理性化时代物化形式的剖析和审视，批判了发达工业社会条件下由于工具理性导致的人的生存困境，并提出唤起无产阶级阶级意识的解决之道。

2. 卢卡奇对拜物教理论的贡献与局限

卢卡奇拓展了拜物教在文化意识形态领域的研究。第一，物化批判的理论内涵更加丰富。《历史与阶级意识》出版于1923年，比《1844年经济学哲学手稿》的写作时间晚了近100年，在近100年内社会进程发生了巨大变化，因而卢卡奇的物化理论结合了他所生活的时代（即近现代社会）进程，确立了对技术理性等异己的文化力量的批判④。质言之，同马克思相比，卢卡奇更加注重从人的活动方式本身，即从文化层面来展示物化结构

① ［匈］卢卡奇:《历史与阶级意识》，杜章智等译，商务印书馆2017年版，第100页。
② ［匈］卢卡奇:《历史与阶级意识》，杜章智等译，商务印书馆2017年版，第152页。
③ ［匈］卢卡奇:《历史与阶级意识》，杜章智等译，商务印书馆2017年版，第149页。
④ 衣俊卿:《异化理论、物化理论、技术理性批判——20世纪文化批判理论的一种演进思路》，《哲学研究》1997年第8期。

和物化现象的负面效应，这是马克思异化理论批判所没有涵盖的问题，故物化批判的理论内涵比马克思异化理论更加丰富。

第二，卢卡奇的物化理论将拜物教问题延伸到意识领域，进一步拓宽了拜物教批判的论域。具体来看，卢卡奇从商品拜物教批判出发，结合近现代社会进程进行理论探索，通过对人的数字化、主体的客体化、人的原子化等物化形式的剖析，深刻地展示了发达工业社会条件下由于工具理性或技术理性的过分发达而导致的人的文化困境，提出了具有时代的新特征的不同于马克思异化劳动（与人相对立并统治人的存在）的范畴，即韦伯所说的"形式合理化"概念所描述的劳动特征，确立了对技术理性等异己的文化力量的批判，并进一步提出物化理论，深入意识领域展开物化批判，这拓宽了拜物教批判的论域。概言之，卢卡奇物化理论实现了对异化理论的超越。

但是，卢卡奇的阐释路径具有不可避免的理论缺陷。物化批判逻辑尽管也深入生产力层面，但是脱离生产关系，寄希望于无产阶级意识觉醒的主体热情来实现革命的道路，导致这一理论最终走向了依靠伦理力量的人本主义道路。卢卡奇希望借助无产阶级意识实现总体性革命，这使得他的物化批判脱离了对象化的物质实践。正如有学者所指出的，卢卡奇悄悄把马克思对拜物教现实的批判转化为了对人的意识，从而转化为了对拜物教意识的批判，[1] 卢卡奇物化理论开启的对生产力的批判，实质是传统异化逻辑的套路[2]，"这在学理上看纯属'非法之举'"[3]，他批判的重点是人的独立主体地位和自由意志的丧失，此种解读方式的一个重大缺陷在于忽略了价值形式论的分析过程。

---

[1]　唐正东：《斯密到马克思》，南京大学出版社 2002 年版，第 423 页。
[2]　李怀涛：《物化批判：卢卡奇对马克思拜物教批判的解读》，《广西社会科学》2010 年第 12 期。
[3]　王南湜：《〈资本论〉物象化论解读的贡献与缺憾》，《武汉大学学报（哲学社会科学版）》2018 年第 5 期。

卢卡奇走向人本主义的根源在于，他深受德国古典哲学尤其是黑格尔的影响，因此总是试图在寻找一种既是理性起源又是现实存在的起点，而不是从现实的历史发展出发。具体而言，他试图从意识层面激发起无产阶级的反抗，而看不到要从根本上去改变社会关系，更不能很好地理解马克思在生产力与生产关系的内在矛盾运动中去寻找符合现实的路径，因而卢卡奇借助人本主义的对现实的伦理反抗，借助主体的激情来实现解放。这充分暴露出他深受黑格尔哲学影响而对现代社会只能陷入人本主义反抗的痕迹。

综上，卢卡奇批判的重点是人的独立主体地位和自由意志的丧失，这和马克思强调生产关系与生产力辩证矛盾运动的现实批判是不可比拟的，也就与马克思发现资本的限制就是资本本身，从而找到现实的解放道路不可相提并论。

二、鲍德里亚与符号拜物教批判

卢卡奇之后，众多西方学者继续深入对资本主义社会"抽象统治真实"问题的探究中。鲍德里亚提出的符号拜物教批判是其中的代表性学说之一。鲍德里亚从现代性的视角出发，立足于当今社会已经从生产为主导转变为消费为主导的社会背景，通过对"物"的探究尝试重新激活马克思的《资本论》，以对包括《资本论》在内的马克思的全部历史唯物主义思想进行再阐释。

1. 符号消费社会的提出

（1）"物"功能的零度化和对"消费"概念的再定义

鲍德里亚对马克思拜物教批判理论的几个相关概念进行了质疑。

一是需要概念。鲍德里亚认为，"需要"这个概念在符码的差异性逻辑中已经成为确证社会再生产的手段，而资本为了实现自身的增殖，依靠大众传媒和广告等各种手段来积极地促进消费，而这种被制造出来的需求实质上是一种"伪需求"。在这个意义上，鲍德里亚质疑道："人真有需要吗？人要保证需要的满足吗？"①由此鲍德里亚指出，消费中的需要并不是人们真实的需要，它不过是对生产秩序的内在目的性的一种掩盖，是人们确证自己社会存在的手段。人们依据需要来寻找自己在体系中的位置。

二是劳动概念。众所周知，劳动二重性理论在马克思看来是理解其政治经济学的枢纽②，但是鲍德里亚则在消费社会的理论视域下对此提出疑问。他认为，在如今我们所处的社会当中，任何劳动都降低为一种服务，它不再与生产相关，而成为符码体系中的一种"在场"。

基于对需要概念和劳动概念的质疑与"批判"，鲍德里亚以"物"的功能形成零度化为切入口，对"消费"概念进行重新定义。鲍德里亚认为，"现代社会中，每一个'物'都被纳入一般的抽象的等价符码之中"③，"物"的功能性作用趋向零度化，一种符号的社会价值成为"奠基于物满足于其（有用的）目的的基础之上"④，符号意义覆盖了"物"的有用性，代替使用价值成为"物"的存在方式。整个社会不再是被生产所支配，而是被消费所裹挟。

鲍德里亚认为，对"消费"概念的重新定义形成于符号对"物"自身有用性的覆盖，即消费"不在于我们所消化的食物，不在于我们身上穿的衣服，是一种符号的系统化操控活动"⑤。在鲍德里亚看来，消费不再是物质享受过程和商品数量积累的过程，消费的目的不再是获取使用价值，不再作为社会再生产过程中的末端环节，而是渗透肆虐人的日常生活，

---

① ［法］让·鲍德里亚:《生产之镜》，仰海峰译，中央编译出版社 2005 年版，第 2 页。
② 《资本论》（第一卷），人民出版社 2004 年版，第 55 页。
③ ［法］让·鲍德里亚:《符号政治经济学批判》，夏莹译，南京大学出版社 2015 年版，第 172 页。
④ ［法］让·鲍德里亚:《符号政治经济学批判》，夏莹译，南京大学出版社 2015 年版，第 172 页。
⑤ ［法］尚·布希亚:《物体系》，林志明译，上海人民出版社 2001 年版，第 223 页。

最终成为"符号的帮凶"——变成了渗透和系统化操控个人生活世界的工具。①

对消费概念的重新定义，促使鲍德里亚尝试构造一种全新的社会关系。鲍德里亚认为，既然"物"（商品）成为表达符号的物质载体，因此消费不再作为社会再生产过程中的末端环节执行简单被动的吸收和占有功能，而是具有重新构造社会全面关系、渗透肆虐人的日常生活的潜能，从而使得"对消费概念的激进反思要从需要与生产开始……正是生产的概念，需要进行根本的批判"②。

（2）对马克思拜物教理论"生产浪漫主义"的批判

基于对"物"功能的零度化阐释和对"消费"概念再定义之后，鲍德里亚将矛头指向一般物质生产基础，批判马克思一直沉浸在"生产浪漫主义"之中。鲍德里亚认为，在如今的资本主义社会中，符码已经通过无意识的作用，侵入社会生活的各个领域，因此政治经济学批判的主要对象不再是对劳动力的剥削，而是符号的霸权。今天的反抗"不再只是经济上的剥削问题，它很少指向剩余价值的掠夺，而是指向符码的强制问题，正是符码的强制形成了当下的社会支配策略"，"生产方式的批判理论没有触及生产原则，生产方式所描述的所有概念，也只是说明了生产内容的辩证的、历史的谱系，并未触及生产的形式"③。由此可见，鲍德里亚眼中的生产形式就是消费社会中一种特殊的运行机制，即符号的差异性编码过程。总而言之，鲍德里亚认为马克思一直沉浸在"生产浪漫主义"的理论情结中，将生产、生产方式等概念意识形态化，赋予其高贵的革命、解放头衔。鲍德里亚说道："如果说有一件事马克思没有想到的话，那就是耗费、浪费、牺牲、挥霍、游戏和象征主义。"④质言之，鲍德里亚认为马克

① ［法］尚·布希亚：《物体系》，林志明译，上海人民出版社2001年版，第223页。
② ［法］让·鲍德里亚：《生产之镜》，仰海峰译，中央编译出版社2005年版，第121页。
③ ［法］让·鲍德里亚：《生产之镜》，仰海峰译，中央编译出版社2005年版，第1页。
④ ［法］让·鲍德里亚：《生产之镜》，仰海峰译，中央编译出版社2015年版，第24页。

思将生产力的解放混同于人的解放，他的社会主义构想也不过是另一种放大的或更加放纵的工业资本主义发展进程，是"落伍了的欧几里得几何学"。

由此，鲍德里亚试图颠覆以使用价值和交换价值为基础的生产逻辑，代之以"符号／价值"为基础的符号逻辑，揭示符号在消费社会中的经济学意义，即对文化、意识、理想原则进行批判，从而走向整体性的批判。

（3）符号拜物教批判

基于对"生产浪漫主义"的批判，鲍德里亚提出了自己的理论——符号拜物教批判。鲍德里亚认为，在消费社会中，人们已不再是对实体物品的崇拜，而是对"物"所承载的符号意义的迷恋。这种符号编码和差异性系列不断制造出消费者的欲望、动机和需求，并将消费者编织进不同的系统阶层之中，强调的是生产与消费的颠倒。从本质上来看，鲍德里亚立足于消费社会的现实处境，认为马克思基于"生产逻辑"的政治经济学批判已经无法解释消费社会的这种新变化，其商品拜物教只是作为交换价值的拜物教，当今社会的主导原则已经从物质生产过程转向了符码对人的操控。因此，拜物教并不与实体有关，而是对体系和符码拜物教的批判。由此，消费社会中的拜物教是使用价值和交换价值相统一的"符号拜物教"；马克思的生产方式批判只是对生产内容进行批判，而现在应该对消费社会的生产形式——"符号逻辑"进行批判。

综上可知，鲍德里亚基于符号拜物教批判，脱离政治经济学的价值理论，认为历史唯物主义的革命策略也不再是指向剩余价值的剥削，而是符码霸权。

2. 对资本主义社会的"超越"：象征交换

基于对"符码霸权"的批判，鲍德里亚将解放的路径和革命的方法确立为回到原始的象征交换体系，以走出生产之镜。在《象征交换与死亡》一书中，他提出"象征交换"概念，意指反生产性。基于对象征交换的理解，鲍德里亚进一步指出："在象征交换中，礼物是我们最为切实的实例，物在此不是一种物：物不能脱离它进行交换的具体关系，同时也不能脱离它在交换中所要转让的部分，物并不那么独立。确切地说，物既没有使用价值，也没有（经济的）交换价值。给定的物所具有的是象征交换价值（symbolic exchange value）。"[1] 由此可知，象征交换的特点是具有反生产性。象征交换不遵循市场交换原则，目的不是产生利润，而是为了交换本身，本质是一种非生产性交换。

鲍德里亚最后表示，象征交换是走出生产之镜的途径。鲍德里亚指出，在象征交换中，包括资本积累、价值规律等在内的资本主义经济运行范畴都被根本性否定，"为了创造出象征交换，所有价值形式（物、商品或者符号）都必须被否定"[2]，由此人们便真正地反对了以生产方式为中心的自主性领域，走出生产之镜，从而摆脱被符号控制的局面。

综上可知，鲍德里亚立足于现代消费社会的基本理论视角，从对"物"的存在状态的分析入手，揭示了"物"在消费社会中成了一种"符号——物"，为价值增添了"符号 / 价值"的维度，提出符号拜物教批判，并以象征交换为其理论旨归。

3. 符号拜物教批判：对资本本性的认识与空洞的呐喊

对鲍德里亚的符号拜物教批判理论进行审视，可以看到其对马克思拜物教批判理论的超越与发展，同时亦能发现其理论的局限之处。

应该承认鲍德里亚基于符号视角对现代社会消费异化结构的剖析的确有其深刻之处。

其一，消费社会的提出是对资本增殖本性出现了新的增殖方式的有力揭示。应该看到，消费环节在马克思身处的社会条件并未达到普遍程度，

---

[1] 刘同舫：《象征交换——鲍德里亚超越符号消费社会的解放策略》，《广东社会科学》2016 年第 4 期。

[2] 刘同舫：《象征交换——鲍德里亚超越符号消费社会的解放策略》，《广东社会科学》2016 年第 4 期。

由此消费及其引发的新问题不可能成为马克思思想的关注重点。而随着科学技术的发展，新需求不断被创造，消费环节在社会再生产过程中的地位越来越突出，鲍德里亚敏锐地看到了时代特点的变化，剖析了消费在现当代社会的高水平发展，进而分析了资本在消费社会的运作方式，深化了新条件下人类对于资本本性的认识。

其二，符号拜物教的提出和批判具有重要的现实意义。消费社会的形成使得"符号"逐渐占据重要地位，人们沉溺于符号世界的享乐中，受到符号拜物教的肆虐。鲍德里亚因而指出，在物欲横流的消费社会时代，"沉迷于消费的人们通常是'享乐、非道德和无责任'的……时刻生成着资产阶级统治强加于人们的最大奴性道德"[①]。对符号价值及符号拜物教进行深刻批判具有重要的现实意义。由此，鲍德里亚被道格拉斯·凯尔纳评价为"一个现代性和现代理论的激进批判者，一个自然浮现的后现代话语和思维模式的先驱"[②]。美国学者马克·波斯特指出，鲍德里亚超越马克思之处"就在马克思主义因为不能译解商品符号学而变成'意识形态'之处，鲍德里亚进来了，他丰富并发展了历史唯物主义，使它符合发达资本主义的新形势"[③]。总而言之，鲍德里亚对符号拜物教的批判拓展深化了人们对资本主义新形势的认识。

但是，鲍德里亚的理论缺陷也是明显的，鲍德里亚的资本主义批判所抓住的"消费"从根本上来说只是资本逻辑的表象，但他却把消费的重要程度无限扩大，而未能深入对生产方式这一资本主义社会的真正根基的探究和批判中去。马克思的资本主义批判本质是对资本逻辑的批判，按照这一逻辑，资本主义社会的真正动力是资本的自我实现，消费是其实现方

---

① 张一兵:《物的差异性操持方式中的表意符号编码——鲍德里亚〈符号政治经济学批判〉解读》,《广东社会科学》2009年第5期。

② [美]道格拉斯·凯尔纳:《鲍德里亚:一个千禧年的跨学科思想家》,《南京社会科学》2008年第8期。

③ [美]马克·波斯特:《第二媒介时代》,范静晔译,南京大学出版社2005年版,第148页。

式，因此消费逻辑包含在资本逻辑的自我实现之中。但是鲍德里亚夸大了消费的作用和意义，而抛离了历史唯物主义，试图提出超越资本逻辑的消费逻辑，这使他最终远离了正确的分析轨道，导致了如下局限：

第一，鲍德里亚忽视了"生产"的根本性意义。鲍德里亚看到了消费具有"神奇的地位"，但却全然忽视了生产的根本性意义。事实上，符号消费依然服从于资本追逐剩余价值的内在运行逻辑。并非符号消费逻辑取代了资本逻辑，而是资本统治借助符号这一新形式，向经济、政治、文化等领域进行了全面席卷。资本正是借助符号非实体、无根基的抽象性，资本逻辑对现代社会的裹挟才更具隐蔽性。因此，符号消费的表象背后，其本质是资本用来掩盖自身增殖和扩张意志的"巧妙遮羞布"。由此，鲍德里亚对当代人类生存境遇的把握是不够全面的。事实上，无论资本伪装成何种面貌，甚至是抽象性的非物质存在，都无法改变其追逐剩余价值的内在本性，但鲍德里亚割裂了经济整体，这导致他无法抓住现代社会最核心的矛盾，对当代人类生存境遇的认识最终只能是一种具有根本局限性的理解。

第二，象征交换理论是舍本逐末的表象批判、脱离现实根基的空洞呐喊。鲍德里亚的符号拜物教批判由于立足于对人类境遇的虚幻想象和对"生产"的忽视，这将导致象征交换理论由于找不到社会根基，也就失去了贯彻于社会的可能性，只能成为一种空洞呐喊。因此，正如美国学者波斯特犀利而中肯地指出的那样："鲍德里亚的解放策略导致他退缩到一片遥远的荒漠。"[①] 可见，鲍德里亚的符号决定论实质上是一种抽象，是脱离现实历史性根基的一种舍本逐末的表象批判。

综上，可以对人本主义批判路径做一总的述评。应该承认，西方部分学者基于新的历史变化，剖析了现代社会的新特点，其研究成果在一定程

---

① ［美］马克·波斯特：《第二媒介时代》，范静晔译，南京大学出版社 2005 年版，第 158 页。

度上发展了拜物教批判理论，推进了马克思主义拜物教批判理论的时代化，但他们脱离了资本主义社会关系结构的根本性症结以及"以资为本"的核心逻辑，甚至否定了马克思主义的基本理论范畴观点如劳动价值论等，这些原因导致上述理论尽管尝试结合现实的新情况来发展甚至超越马克思的拜物教批判，但最终却都陷入人本主义的窠臼。质言之，人本主义阐释路径只能是一种来自彼岸的虚幻呐喊，这种脱离社会生产关系结构的批判无法绘制真实的图景，从而也就难以提出行之有效的解决方案。

第二节　拜物教批判新探索之价值形式路径

与卢卡奇、鲍德里亚等人最终把拜物教批判理论落脚到人本主义的伦理反抗不同，对拜物教的另一种解读路径则是基于马克思的价值形式理论。这一路径的代表人物和学派有苏联著名马克思主义学者鲁宾、以巴克豪斯为代表的德国新马克思阅读运动等。价值形式路径基于价值形式理论来阐发拜物教的形成机制，进而深入生产关系的物化结构本身来突破拜物教的藩篱，甚至将拜物教批判理论"提高到最重要的思想革命的地位上"[1]，以深化和发展拜物教批判理论。本节将阐发鲁宾和巴克豪斯对拜物教理论的解读，进而审视价值形式路径对拜物教批判理论的发展与局限之处。

一、鲁宾的拜物教批判理论

鲁宾是苏联重要的马克思主义政治经济学家，也是马克思主义的异化

---

[1] 李乾坤：《对〈资本论〉价值形式理论的三种哲学阐释》，《江西社会科学》2019 年第 2 期。

理论家。鲁宾将拜物教理论看作马克思全部经济体系特别是他价值理论的
基础。在鲁宾最为重要的作品之一——《马克思主义价值理论文集》一书
中，他详尽分析了马克思商品拜物教理论与劳动价值理论的关系，并指出
商品拜物教理论在马克思政治经济学批判中应该占有的重要地位。[①] "鲁宾
将马克思政治经济学批判的理解推向对拜物教问题，以及价值的质、量与
形式问题的分析之上，从而试图解释价值问题本质上是资本主义社会结构
的展现。"[②]

1. 鲁宾解读马克思拜物教理论的主要内容和观点

鲁宾首先对价值形式概念进行了定义，他认为生产关系的物质化并非
源于习惯，而是来自商品经济的内在结构，由此拜物教不仅是一种社会意
识，同时也是一种社会存在。鲁宾首先表明，自己非常赞同马克思的观
点，即"资本主义生产方式，以生产条件的这种一定的社会形式为前提，
那么，它会不断地把这种形式再生产出来。它不仅生产出物质的产品，而
且不断地再生产出产品在其中生产出来的那种生产关系"[③]。这即是说，资
本主义商品经济的独特本性在于，人们不仅是因为"物"，并且也是通过
"物"建立了生产关系。正是这一事实导致了人们之间生产关系的物质化
与物化形式，从而产生了商品的拜物教。因此鲁宾认为，拜物教不仅是一
种社会意识现象，同时也是一种社会存在现象："价值理论实际上是关于劳
动调节的理论，在价值中劳动的物化是拜物教理论最为重要的结论，它解
释了商品经济中人们生产关系不可避免的物化。"[④] 对于鲁宾的解读，珀尔
曼形象地评价道，鲁宾的分析让我们深刻意识到马克思《资本论》的副标
题的确应该是"政治经济学批判"，而不是效率管理手册。[⑤]

① 谢静：《论鲁宾对马克思政治经济学批判的理论贡献》，《学术交流》2017 年第 1 期。
② 李乾坤：《历史的还是逻辑的？——价值形式分析的两个不同阐释方向》，《当代国外马克思主义评论》2017 年第 2 期。
③ 《资本论》（第三卷），人民出版社 2004 年版，第 995 页。
④ Isaak I. Rubin, *Essays on Marx's theory of value,* New York: Black Rose Books, 1973, 72.
⑤ Marcello Musto, "Revisiting Marx Concept of Alienation", *Socialism & Democracy,* 2010, 24(3), 93.

　　鲁宾进一步考察了异化概念、商品拜物教以及价值理论之间的关系。鲁宾指出，在早期著作中，马克思惯常使用"异化"概念，之后则经常使用"物化"概念，到了晚期著作，商品拜物教理论则成了马克思阐释商品资本主义经济生产关系的常用理论。其中，商品拜物教理论就为其提供了集中的统一分析框架。① 对于二者的关系，鲁宾进一步指出，马克思对于异化最好的描述凝结在《资本论》最著名的章节之一"商品的拜物教及其秘密"中。鲁宾认为这一节中马克思表明了资本主义社会中人们为他们自己所生产的产品所统治。由此可见，鲁宾认为马克思成熟时期的经济理论源自他早期著作中异化思想的积累，他并没有在实际上抛弃异化理论，异化、商品拜物教以及价值理论三者是对同一个问题的不同诠释，都是对资本主义经济形式中人们生产活动特征的描述，他所改变的只是他对术语的运用。鲁宾进一步指出，正是基于这一关系，价值理论也只有在商品拜物教理论的语境中，以分析商品经济一般结构的拜物教理论为根据，才能够被真正理解。②

2. 鲁宾的贡献与局限

　　对于鲁宾的价值形式路径解读，应该看到，这一路径从价值形式角度阐明了拜物教批判的内涵及其理论意义。在鲁宾之前，商品拜物教理论只是被当作社会学原理或是文化批判，该理论并没有在马克思主义政治经济学体系中占据重要位置。鲁宾则深入价值形式理论之中，基于马克思对生产的物质技术过程与生产的社会形式之间进行的区分，并指出："马克思在他的商品拜物教理论中表述的那些一般特征可以更为准确地被称为资本主义商品生产关系的一般理论。"③ 鲁宾由此指出，拜物教理论的核心观点在于揭示出在商品资本主义经济中人们之间的生产关系必然要获得某种物质

---

① Marcello Musto, "Revisiting Marx Concept of Alienation", *Socialism & Democracy,* 2010, 24(3), 93.
② Isaak I. Rubin, *Essays on Marx's theory of value*, New York: Black Rose Books, 1973, 61.
③ Isaak I. Rubin, *Essays on Marx's theory of value*, New York: Black Rose Books, 1973, 3.

形式，并且只能以这种形式被认识到，即在商品资本主义经济中人们之间的生产劳动关系必然要获得"物"的价值形式，并且只能以这种物质形式呈现，即社会劳动只能以价值形式表现出来。

通过价值形式的解读路径，鲁宾进一步深化了拜物教理论，从这一角度而言，鲁宾推进和发展了拜物教批判理论。具体来说，鲁宾对拜物教的再定义让人们的注意力指向了生产过程中人们的社会关系，明确了政治经济学讨论的既不是"物"与"物"之间的关系，也不是人与"物"之间的关系，而是生产关系中人与人之间的关系，因此拜物教不仅是社会意识现象，也是社会存在现象[①]，价值形式由此应被置于马克思整个经济体系的始基性位置。

综上，鲁宾的价值形式解释路径具有重要的意义。正如有学者指出的那样，鲁宾提出价值形式理论的历程，"反映出他不同于当时盛行的庸俗马克思主义经济学对马克思政治经济学的诠释，也反映了在当时的历史情境中，鲁宾探索理论真理的勇气"[②]。

在鲁宾之后，新马克思阅读运动让价值形式阐释路径真正引发了广泛关注。据此，如果把鲁宾比喻为价值形式研究的"前浪"，新马克思阅读运动则成了一股"后浪"，真正掀起了价值形式阐释路径高潮。

二、"新马克思阅读"运动的价值形式阐释路径

1. 价值形式阐释路径的兴起

"新马克思阅读"运动始于 20 世纪 60 年代的联邦德国，兴盛于 20 世纪 90 年代，该理论主要以价值形式理论为研究对象，主张通过对价值形式的辩证法的重建，解释资本主义社会的拜物教问题，为批判理论奠定政

---

① Isaak I. Rubin, *Essays on Marx's theory of value*, New York: Black Rose Books, 1973, 6.
② 谢静:《论鲁宾对马克思政治经济学批判的理论贡献》,《学术交流》2017 年第 1 期。

治经济学基础。①

"新马克思阅读"运动的先驱是巴克豪斯。他指出，"我研究的主题在根本上始终只是一个：拜物教问题"②，而在其最重要的著作《价值形式的辩证法》中，他基于《资本论》的结构，回顾马克思创作《资本论》的过程，指出价值形式的分析成为马克思批判资本主义生产方式的叙述起点，并由此展开了对价值形式理论与拜物教批判关联的研究。

巴克豪斯对马克思如何分析社会关系物化的问题产生了疑惑，对这一问题的追问引发了他对价值形式理论和拜物教关系的研究。首先，在拜物教与历史唯物主义的关系问题上，巴克豪斯也认可拜物教在马克思政治经济学批判理论中的地位，他认为有关商品的拜物教性质那章构成了历史唯物主义的全部内容，不过巴克豪斯的阐发路径是基于价值形式理论来廓清拜物教批判与价值形式理论的关系。③其次，巴克豪斯指出拜物教理论实则是价值形式理论的延续。最后，巴克豪斯通过改写《关于费尔巴哈的提纲》第四条，批判了李嘉图主义在价值理论上的错误，以进一步证明价值形式路径是拜物教批判理论的正确阐发道路。由此，巴克豪斯认为拜物教性质的真正阐释路径的突破口就是价值形式理论，进而展开了对价值形式理论的分析。

2. 以"二重化"为核心展开的价值形式辩证法

巴克豪斯的价值形式阐释路径的论证逻辑是以"二重化"为核心展开的价值形式辩证法。巴克豪斯基于《资本论》的结构，回顾了马克思创作《资本论》的过程，并指出价值形式的分析成为马克思批判资本主义生产

---

① 李乾坤：《历史的还是逻辑的？——价值形式分析的两个不同阐释方向》，《当代国外马克思主义评论》2017 年第 2 期。

② ［德］汉斯－格奥尔格·巴克豪斯《新马克思阅读的开端》，李乾坤译，《哲学基础理论研究》2016 年第 2 期。

③ 周嘉昕：《价值形式辩证法讨论的贡献与困境——从巴克豪斯〈价值形式的辩证法〉出发的批判性反思》，《中国高校社会科学》2020 年第 6 期。

方式的叙述起点，而其对价值形式概念的理解中包含了对形式辩证法的初步阐发，例如他指出交换价值或价值形式与价值之间的关系，是表现形式与本质内容之间的关系，这正是马克思运用黑格尔现象学的方法的体现。因此，价值形式并非简单的客体和经验对象，而是内含了主体活动于其中的概念，[①] 在价值形式理论中蕴含着主客体统一的辩证法。

巴克豪斯总结指出，马克思的辩证法并不能被浅显地理解为从简单到复杂、从实体到表象形式，即不能简单满足于通过仅仅把现象形式回溯到本质之上去，还应该指出本质为何恰恰采纳了这种或那种现象形式。[②] 因此巴克豪斯指出，不能从形式逻辑角度来理解交换价值与价值或价值形式之间的那种现象与本质或个别与一般的等级式关系。

巴克豪斯的理论战友莱希尔特则进一步阐发了价值形式内在的二重化运动。莱希尔特指出："二重化建立在自我矛盾的世俗基础之上，只有在人与人之间的联系在本质上以颠倒的方式发生的条件下，只有在人的类生活成为个体生活的手段，人的共同本质才能够也必然以颠倒的方式表现出来。"[③] 由此可知，作为价值形式辩证法的核心环节的二重化概念，其展开动力是社会内在矛盾自身，而作为价值完成形式的货币范畴，正是资本主义社会内部的社会劳动与私人劳动的矛盾冲突必然得出的结果。正是在这个意义上，莱希尔特认为价值形式辩证法已完成了对拜物教问题的回答。

3. "新马克思阅读"运动的贡献与局限

"新马克思阅读"运动的价值形式路径揭示了价值形式背后的主客体矛盾及由此形成的"二重化的辩证法"，为拜物教批判奠定了政治经济学基础。

---

① 李乾坤:《对〈资本论〉价值形式理论的三种哲学阐释》,《江西社会科学》2019 年第 2 期。
② 李乾坤:《对〈资本论〉价值形式理论的三种哲学阐释》,《江西社会科学》2019 年第 2 期。
③ 李乾坤:《对〈资本论〉价值形式理论的三种哲学阐释》,《江西社会科学》2019 年第 2 期。

第一，价值形式路径强调了"形式"概念的重要性，指出马克思意欲说明的重点并非强调生产和劳动的基础，而是阐明劳动为何采取了"价值"的表现形式。在此基础上，指认了价值形式是资本主义生产关系内在矛盾不可调和的产物，掩盖了资本主义社会的内在矛盾。

第二，价值形式路径的独特贡献还在于，在认识到形式分析的理论重要性基础上，把拜物教批判具体化为价值形式分析和国家形式批判。20世纪70年代的德国"国家衍生"争论中，参与者从不同的角度，从马克思主义立场上对新自由主义条件下的资产阶级国家形式展开了分析批判，而这种捍卫正是基于价值形式路径的认识，即以货币、资本为代表的一系列经济学范畴和资产阶级国家形式并非永恒的、自然的，而是特定的社会结构的产物。

在承认其进步意义的同时，必须看到价值形式路径的局限也十分明显，这就是他们过分强调逻辑而忽视了历史维度。这种缺陷首先体现在价值形式理论路径同《资本论》的整体逻辑相互割裂了。事实上，马克思政治经济学批判运用的重要方法就是从抽象上升到具体，而价值形式作为马克思对资本主义生产方式的最抽象把握，只有在剩余价值生产、平均利润率以及收入的"三位一体"公式等总的理论环节中才能得到最透彻的理解[1]。但是，新马克思阅读对价值形式的解读止步于货币逻辑，将其理论割裂于马克思《资本论》的整体逻辑，进而将马克思的政治经济学批判简化为一种货币理论，这样一来，"新马克思阅读"的解读范式就把马克思的批判又建立在了纯逻辑之上。[2]

至此，可以对前述的人本主义解读路径和价值形式解读路径进行综合审视。对于人本主义路径来说，一方面，应该看到这是部分学者基于新的

---

[1]　李乾坤：《对〈资本论〉价值形式理论的三种哲学阐释》，《江西社会科学》2019年第2期。
[2]　李乾坤：《历史的还是逻辑的？——价值形式分析的两个不同阐释方向》，《当代国外马克思主义评论》2017年第2期。

历史变化，对现代社会新特点进行深入剖析的理论成果，是对拜物教批判理论的发展；但另一方面，这一路径脱离资本主义社会关系结构及"以资为本"的核心逻辑，最终落入人本主义的空洞呐喊中去的理论局限。对于第二种路径即"价值形式"研究路径，则必须承认，一方面其基于"二重化"概念来审视价值形式辩证法，进而阐发了价值形式和拜物教的关系，忠于马克思原意，并进行了深入解读，有助于进一步理解马克思拜物教理论；但另一方面也应清楚地看到，价值形式路径止步于货币逻辑，将其理论割裂于马克思《资本论》整体逻辑，未能将马克思的逻辑贯彻到底，使其批判最终因为缺失了历史维度而变得并不彻底。[①]

至此，本章得到如下结论：

第一，人本主义路径是西方左翼学者基于新的历史变化，对现代社会新特点的深入剖析，其研究成果在一定程度上发展了拜物教批判理论，但该路径没有能够深入资本主义社会关系的内在结构之中，而最终落入人本主义的空洞呐喊中去。

第二，价值形式路径则是基于"二重化"概念来审视价值形式辩证法，这一路径剖析了价值形式和拜物教的关系问题，但也应清楚地看到，价值形式路径忽略了拜物教批判理论事实上只有在"三位一体"公式的环节中才能得到最透彻的理解，而止步于货币逻辑，将其理论割裂于马克思《资本论》整体逻辑，未能将马克思的逻辑贯彻到底，使其批判最终缺失了历史维度，而未能对马克思拜物教批判理论实现完整、准确的阐发。

第三，有必要进一步结合价值形式理论探索马克思拜物教批判理论的最高发展形式——金融资本拜物教。借助价值形式理论，梳理"商品—货币—资本—金融资本"这一逻辑发展链条，可以得出拜物教将在"金融资

---

① 李乾坤：《历史的还是逻辑的？——价值形式分析的两个不同阐释方向》，《当代国外马克思主义评论》2017 年第 2 期。

本"形式上发展为其最高形式——金融资本拜物教。阐发金融资本拜物教的形成和表现，探索金融资本拜物教的遏制和消除路径，展望拜物教批判理论的前景，以破除"物"的桎梏，最终把人的关系还给人。

总而言之，本章基于历史唯物主义的方法论指引，对拜物教批判理论发展的两种主要路径即人本主义路径和价值形式路径展开剖析，由此表明，必须对拜物教批判的再阐释路径的贡献与局限进行客观、辩证的审视，清晰地认识其较之于马克思拜物教批判理论的创新与局限，这样才能真正将理论运用于不断变化的现实世界，亦在时代发展中推动拜物教批判理论不断创新。

第三节　马克思拜物教批判理论的现实指向

基于对前文人本主义解读路径和价值形式解读路径发展与局限的综合审视，理论研究的路径被引向金融资本拜物教批判以及对马克思拜物教批判理论当代启示的探讨上。拜物教在当代发展为金融资本拜物教，这也是拜物教的最高发展形态。本节阐发金融资本拜物教的形成和表现，探索金融资本拜物教的遏制和消除路径，展望拜物教批判理论的前景，以破除"物"的桎梏，最终把人的关系还给人。

一、金融资本拜物教：拜物教在当代的最高发展形态

1. 金融资本的产生

（1）生产集中与工业垄断资本的出现

金融资本的形成与垄断有关，垄断的出现则源于生产和资本集中。垄断是随着自由竞争的发展，生产资料、劳动力、商品生产将日益集中于少

数大型企业而必然形成的现象，是自由竞争所引起的生产和资本集中导致的必然结果。生产和资本产生集中的原因如下：首先，科技革命推动生产社会化程度高的部分发展迅速，客观上需要资本集中到少部分大企业中生产。科技革命使得生产社会化程度高的产业，如铁路、石油开采等部分迅速发展起来，这就在客观上要求巨额资本投入，进而造成客观上需要把资本集中到少部分大企业中去生产。其次，自由竞争必然导致生产集中。作为商品经济的基本特点，竞争引发弱肉强食，最终造成大资本吞并小资本、大企业打败小企业，进而使得资本集中到大企业中去。再次，信用制度的发展促使生产集中。银行为了盈利，优先把货币贷给偿还能力强的大企业。在此基础上，信用制度也进一步促使中小企业联合，形成规模大的股份制企业。最后，经济危机加剧中小企业破产，形成企业兼并浪潮。如列宁所言，"危机大大加强了集中和垄断的趋势"[①]。由此可知，在资本主义自由竞争下，生产集中是必然趋势。

"自由竞争产生生产集中，而生产集中发展到一定阶段就导致垄断"[②]，在生产集中的趋势下垄断便自然形成。垄断是指少数大企业为了操纵和控制某些部门的产品生产、销售等，以获取垄断利润而达成协定建立的同盟或联合。生产集中达到相当高的程度就形成垄断，具有必要性和可能性两方面。从必要性来看，随着竞争的加剧，大企业之间势均力敌，为了避免过度竞争导致两败俱伤，大企业有必要寻求妥协形成垄断组织，以形成垄断价格，进而获取稳定利润，瓜分市场。从可能性来看，当市场被少数几个企业垄断，彼此之间容易达成协定，由此便形成了垄断组织。

（2）银行垄断资本的形成

工业垄断形成的同时，银行业也在发生同样变化，即银行业内部竞争引起银行业资本的集中，从而形成银行垄断资本。

---

① 列宁：《帝国主义是资本主义的最高阶段》，人民出版社 2015 年版，第 80 页。
② 列宁：《帝国主义是资本主义的最高阶段》，人民出版社 2015 年版，第 24 页。

银行集中是以工业生产集中为基础的，原因在于：第一，随着工业生产集中，企业规模越发扩大，这些企业往往需要数额大、周期长的贷款，这样的贷款需求只有大银行才能够满足。第二，大企业在生产过程中存在大量闲置资本，他们也只愿意存入信用可靠的大银行。上述两个原因共同导致银行业资本的集中，从而形成少数实力雄厚的大银行。

银行资本集中到一定程度，也必然走向垄断，它们"达成垄断协议、组织银行托拉斯的倾向自然越来越明显，越来越强烈"[1]，可见，银行资本的集中形成的大银行彼此势均力敌，为了获得稳定利润也趋于走向联合，进而自然形成垄断。

（3）金融资本的形成

随着银行垄断资本的形成，它"就从普通的中介人变成万能的垄断者"[2]，银行和企业关系日益密切，这进一步导致银行垄断资本和工业垄断资本结合，最终形成金融资本。

金融资本形成的根源是银行和工商企业的关系发生变化，即从一般信贷关系变成控制和被控制的关系。垄断形成之前，银行只起普通的中介人作用，但当银行形成垄断，银行和工商企业的关系发生了变化，银行成为"万能的控制者"。具体来说，第一，银行和工商企业的信贷关系稳固下来。一方面，垄断银行集中了社会大部分存款，为了使自身的资本得到充分利用，获得高额银行利润，必须和若干大企业建立长期稳定的信贷关系；另一方面，大企业要获得稳定的长期贷款，也必然会选择依赖几家大银行。第二，银行逐渐干预企业的生产活动，对其进行垄断。银行为了自身货币资本的安全保障，会了解大企业的往来账目，以掌握其经营情况，进而实现对企业的监督和控制。由此，如列宁所言，"随着银行业的发展及其集中于少数机构，银行就由中介人的普通角色发展成为势力极大的垄

---

① 列宁：《帝国主义是资本主义的最高阶段》，人民出版社 2015 年版，第 35 页。
② 列宁：《帝国主义是资本主义的最高阶段》，人民出版社 2015 年版，第 25 页。

断者，它们支配着所有资本家和小业主几乎全部的货币资本，以及本国和许多国家的大部分生产资料和原料产地"[1]，银行和工商企业的关系从一般信贷关系变成了控制和被控制的关系。

银行垄断资本和工业垄断资本的融合产生了金融资本。金融资本是银行垄断资本和工业垄断资本二者融合所形成的新型资本，其形成途径主要是通过银行垄断组织和工业垄断组织互相占有对方股份而融合。具体来说，一方面，银行垄断组织为了直接从企业内部监督和控制企业活动，以谋求对自身资本的有利运用；另一方面，工业垄断资本也通过购买银行股票，以打破银行对信用业务的垄断，改善信贷条件。此外，银行垄断组织和工业垄断组织还通过互派人员到对方组织担任要职来实现融合。

2. 金融资本拜物教的产生

从金融资本的形成过程可知，金融资本通过支配现代社会的产业链、商业链和信用链来实现资本积累，由此形成金融资本任意性与虚假独立性的拜物教性质，这使得价值和剩余价值的产生进一步被掩盖，剩余价值的真实来源被进一步遮蔽，社会关系进一步表现为"物"同自身的关系，而其本质——人同他人的关系更为隐蔽地被掩盖起来而仿佛消失不见。概言之，在现代资本主义的整体系统中，金融资本只是以某种特定的形式分割由产业资本榨取的剩余价值，它是从属于产业资本的。但现在金融资本成为具有支配力量的主体，成为目的本身，进而支配了整个社会的生产，形成了金融资本拜物教，[2] 资本的拜物教性质因而也走向了完成。

金融资本拜物教的完成使得"钱能生钱"的幻象进一步加剧，金融资本"自行增殖"的"神秘魔力"促使资本家们不断扩张金融资本的投资，由此产生了拜物教观念的最高发展形态：金融资本拜物教观念。正如有学者指出："当代资本主义金融化的趋势孕育了金融资本任意性、独立性的幻

---

[1] 列宁：《帝国主义是资本主义的最高阶段》，人民出版社 2015 年版，第 25 页。
[2] ［匈］卢卡奇：《历史与阶级意识》，杜章智等译，商务印书馆 2017 年版，第 159 页。

觉，归根结底这都是资本拜物教的观念表现。金融资本任意性的幻觉催生了金融创新的泛滥，而金融资本独立性的幻觉则为金融体系脱离实体经济自行运转并反过来支配实体经济提供了意识方面的支撑。"①金融资本拜物教使金融资本迅速崛起，导致金融资本的膨胀化、投机化，最终产生大量的金融泡沫，致使金融资本泡沫化。

（1）金融资本拜物教与金融资本膨胀化

金融资本的出现，促使资本家们进行金融创新，如以个人贷款、信用卡贷款、债券融资、债务杠杆等一系列"寄生性"的形式来扩张金融资本，进一步充分发挥金融资本自行增殖的神秘魔力。这样，本来还是单纯通过流通手段而形成的金融资本越发急剧膨胀，导致金融资本越发脱离实体经济而日趋膨胀起来。

（2）金融资本拜物教与金融资本投机化

在信用充分发展的基础上，金融资本投机化倾向也越发凸显。马克思曾指出资本的贪婪性："资本害怕没有利润或利润太少，就像自然界害怕真空一样。"②在金融资本身上，"钱能生钱"的幻象进一步掩盖了价值和剩余价值的形成根源，并造成金融资本能够更快地使人致富的错觉。这使得人们确信金融资本能够更快地使人致富，进而越来越热衷于金融投机，社会上出现大量利用虚拟资本进行赌博交易和投机交易的现象，以在虚拟资本的流通、转移和交易中赚取更多的利润。这造成了金融市场的投机性、赌博性，形成市场的虚假繁荣。据统计，亚洲金融危机期间，国际金融市场上每天的外汇交易约为 1200 亿美元。但是这 1200 亿美元运用于实质性的交易——国际贸易和投资支付的只占其总额的 15%，这就意味着，大部分资金都用于国际金融投机。可见，金融资本拜物教推动了金融市场的投机化。

---

① 康翟:《〈资本论〉视域中的当代金融资本崛起及其根源》，《世界哲学》2020 年第 3 期。

② 《资本论》（第一卷），人民出版社 2004 年版，第 871 页。

（3）金融资本拜物教与金融资本泡沫化

金融资本膨胀化、投机化必然会产生大量的金融泡沫，进而导致金融资本泡沫化。

金融泡沫是指金融资产的价格经过一系列超常规上涨之后，导致其市场价格远远大于实际价格，进而形成虚假繁荣的现象。金融资本泡沫化的一个有力例证是 2008 年美国次贷危机转变为国际金融危机的标志性事件——雷曼兄弟的破产。2008 年 9 月 15 日，美国第四大投资银行的雷曼兄弟公司（以下简称雷曼兄弟）宣布申请破产保护。雷曼兄弟于 1850 年创立，有着 150 多年的光辉历史。带着无数美丽光环和传奇色彩的公司最终难逃被击溃的厄运，雷曼兄弟的破产也"创造了历史"，成为美国有史以来规模最大的破产申请，危机的中心华尔街危如累卵。究其原因，其破产根源于金融创新使投资者各取所需，带来了金融市场和房地产市场的一片虚假繁荣，而对于金融衍生产品的创新和创造，美国监管部门忽视了繁荣背后暗藏的风险危机，完全采取了放任的态度，最终昔日的华尔街投行神话由此破灭，并导致了波及全球的金融危机。[1]

金融资本经过膨胀化、投机化，其市场价格越发脱离现实价值不断地上升。这就进一步给人造成一种错觉，即"一切资本好像都会增加一倍，有时甚至增加两倍"[2]，由此造成"好像有价证券价格的涨落代表着现实资本的增加，虚拟资本的扩张就是实体经济的增长"[3]的假象。美国经济学家海曼·明斯基指出，金融资本的无限制扩张和信用透支，"导致金融资产的价格上升速度超过了投资产出的供给价格。……金融市场的这些活动产生了金融泡沫，并且似乎在稳步地扩大"[4]，由此证明金融资本形成泡沫化

---

① 汪洋：《虚拟经济视角下金融危机研究》，武汉大学博士学位论文，2010 年。

② 《资本论》（第三卷），人民出版社 2004 年版，第 553 页。

③ 李瑞德：《马克思拜物教批判理论的当代审视》，福建师范大学博士学位论文，2016 年。

④ ［美］海曼·明斯基：《稳定不稳定的经济：一种金融不稳定视角》，石宝峰、张慧巧译，清华大学出版社 2010 年版，第 221 页。

的必然性。

二、金融资本拜物教的遏制与消除

对于如何遏制金融资本拜物教，马克思说，"这种对立的形式本身是暂时的，它产生出消灭它自身的实现条件"①。可见，辩证逻辑表明，解决矛盾的办法恰恰就蕴含在事物本身的对立形式以及对该对立形式的扬弃中。金融资本是包含自我否定的主体，其形式中包含了自身灭亡的条件，因而在金融资本自身的形式发展中将产生解决矛盾的方法。因此需要结合金融资本自身特点——金融资本自身所同时具有的生产性积累和非生产性积累双重逻辑进行剖析。

1. 金融资本的双重逻辑

金融资本具有生产性积累和非生产性积累双重逻辑。金融资本的生产性积累是指金融资本通过生产、流通和信用的革命而促进社会生产力发展。具体来说，金融资本产生后，的确带动了生产效率的提升，把科技和生产结合起来，也提升了人们的生产积极性。诺贝尔经济学奖得主罗伯特·席勒在《金融与好的社会》一书中提出的"金融之美"便是对金融资本生产性积累逻辑的精辟阐发。席勒指出，"正是在为人类所有的活动提供帮助的过程中，也就是为一个拥有为所有成员所分享的富饶和多元化的活跃的人类社会服务的过程中，金融体现出其最真实的美丽"②，"金融在经济资源分配、创造生活必需品等方面为人类活动提供创造性帮助的认识"③。金融资本对当今产业、企业的融资难问题提供了极大便利，金融资本的支持使得生产因资金筹措困难出现停滞的现象大大减少，从而使产业

---

① 《马克思恩格斯全集》（第46卷），人民出版社1979年版，第35页。
② ［美］罗伯特·席勒：《金融与好的社会》，束宇译，中信出版社2012年版，第192页。
③ ［美］罗伯特·席勒：《金融与好的社会》，束宇译，中信出版社2012年版，第194—195页。

生产、企业运转更加顺利。而目前产业基金、商业模式创新和互联网等载体实现产业和金融资本的有机融合，这可以极大缓解高科技企业的融资困境，使创业者不会为资金发愁。概言之，金融资本通过生产性积累，带动了生产效率的提升，同时提升了人们的生产积极性，把科技和生产结合起来，为生产力水平的促进提供了有利条件。

在金融资本具有生产性积累逻辑的同时，却具有消极影响的另一面——非生产性积累逻辑。金融资本的非生产性积累逻辑是指金融资本自身成为寻租性、寄生性、投机性、剥夺性积累的主体。[1]金融资本非生产性积累逻辑具体表现在如下四个方面：首先，金融资本借助垄断定价权来积累。其次，地产寻租。再次，股票投机。股票本来是筹措资金动员生产的手段，但金融资本自身的特性使其变成了金融寡头剥夺财富的手段。最后，金融资本还通过国债制度支配公共权力。[2]总而言之，金融资本的非生产性积累严重阻碍了生产力的发展。

2. 金融资本的逻辑悖论及其消亡

在金融资本的运动中，金融资本的生产性积累逻辑将会越来越转变为非生产性积累逻辑，从而陷入金融资本的逻辑悖论之中，最终造成自身危机。具体来说，当金融资本出现生产性危机时，它试图通过利用和加剧非生产性积累的方式，即通过加剧剥夺性积累、投机性积累、制造资产泡沫、房地产投机、国债操纵等方式来解决危机。这样做的结果是，非但没能解决危机，反而加深了危机。总而言之，金融资本经过"作为主体被生成、支配社会运动、支配运动后形成自身衰亡的条件"的逻辑发展过程，最终将因自身的逻辑悖论而走向衰亡，金融资本拜物教也随之消失。

金融资本及其拜物教将在共产主义社会彻底消失。马克思指出，在未来共产主义社会，"人们同他们的劳动和劳动产品的社会关系……都是简

---

① 宋朝龙：《美国政治气候变迁的深层原因》，《前线》2019 年第 2 期。
② 宋朝龙：《美国政治气候变迁的深层原因》，《前线》2019 年第 2 期。

单明了的"①。因而不需要"物"作为中介，社会关系便可以直接明了地实现。具体而言，其实现路径是在生产资料社会联合所有的基础上重建个人所有制。需要在生产资料如土地、石油、矿山等归社会联合所有的基础上，保证和满足每个个体的生存和发展资料。由此，垄断程度高的产业应归社会联合所有，进而斩断了借助生产资料来支配别人的劳动的可能性。而对不涉及对人的劳动力的支配的生活的消费资料等，仍旧归个人所有。总而言之，共产主义社会实行在生产资料社会联合所有基础上的对个人所有制的重建，因此拜物教终将被彻底消除。

需要特别指出的是，金融资本及其拜物教的衰亡作为逻辑结论，现有生产力还未达到"可使得阶级差别的消除成为真正的进步，使得这种消除可以持续下去，并且不致在社会的生产方式中引起停滞甚至倒退"②的程度，因而目前并未摆脱人对"物"的依赖阶段，拜物教的消除在事实上仍将经历较长的历史阶段。

3. 拜物教将随社会主义市场经济体制的不断完善而趋于消失

由于拜物教最终消失需经历较长的历史阶段，因此现阶段需寻求与一定历史阶段相适应的制度形式，以积极促进社会关系的合理化，而社会主义市场经济体制便可以充分发挥金融资本的生产性积累逻辑，促进生产力的发展。邓小平指出："社会主义要赢得与资本主义相比较的优势，就必须大胆吸收和借鉴人类社会创造的一切文明成果，吸收和借鉴当今世界各国包括资本主义发达国家的一切反映现代社会化生产规律的先进经营方式、管理方法。"③作为现代经济系统的核心，金融体系对社会生产力进步的推动作用不可否认，如诺贝尔经济学奖获得者罗伯特·席勒教授所言，"尽管存在种种不足且可能显得贪得无厌，但是金融业同时也有潜力帮助我们

---

① 《马克思恩格斯文集》（第5卷），人民出版社2009年版，第96—97页。
② 《马克思恩格斯文集》（第3卷），人民出版社2009年版，第389页。
③ 《邓小平文选》（第三卷），人民出版社1993年版，第373页。

塑造一个更和谐、更繁荣和更平等的社会"①，其通过信用创造、风险管理等职能对资本积累的顺畅进行所发挥的作用不可替代。社会主义市场经济体制正好能够激发出金融资本的正面效应。因此，应该充分承认并利用资本的积极作用，为拜物教的消灭奠定坚实的物质基础。

社会主义市场经济体制也能够限制金融资本非生产性的一面。社会主义市场经济体制反对金融垄断资本对社会的剥夺性、寄生性积累的逻辑。社会主义市场经济体制在保护一般中小职能资本的同时，主张把金融资本和金融寡头所垄断的社会化生产资料和交往资料转变为社会联合所有（一定历史阶段采取国有制的形式）。

总而言之，社会主义市场经济体制充分发挥了资本生产性的一面，同时又克服了金融资本的非生产性积累，为利用资本、规制资本、消灭资本奠定了坚实的制度基础。不过需要特别注意的是，社会主义市场经济体制只说明了制度优势的潜能，而思想意识形态的博弈，国际上的误导、诱导，会使得我们随时面临偏离这个制度的危险。因此，要有意识地避免金融资本的逻辑悖论支配中国经济社会的发展，积极发挥自身的制度潜能，推动中国特色社会主义市场经济体制实践有序发展，将其转化为真正的制度优势，为人类自由的最终实现提供中国智慧。

至此，本章对拜物教的人本主义解读路径和价值形式解读路径进行了剖析和批判，这说明只有对不同审视路径的贡献与局限分别进行客观、辩证的审视，清晰认识每种理论对马克思拜物教批判理论的继承创新和局限不足，才能真正推进拜物教批判理论在当代的理论创新，并挖掘出它对当代实践的现实意义。事实上，通过商品—货币—资本—金融资本这一逻辑进路，作为一种历史性的社会关系的资本在金融资本上成为其发展的最高形式——金融资本；拜物教也由此发展为其最高发展形式——金融资本

---

① ［美］罗伯特·席勒：《金融与好的社会》，束宇译，中信出版社 2012 版，第 23 页。

拜物教。金融资本自身的逻辑悖论决定我们需要辩证地审视在现有生产力水平下，积极发挥社会主义市场经济体制的制度优势，发挥资本的生产性积累逻辑，遏制其非生产性积累逻辑，进而从根本上摆脱人对"物"的依赖，最终彻底消灭拜物教。

参考文献

一、图书

［1］《资本论》（第一卷），人民出版社 2004 年版。

［2］《资本论》（第二卷），人民出版社 2004 年版。

［3］《资本论》（第三卷），人民出版社 2004 年版。

［4］《马克思恩格斯文集》（第 1 卷），人民出版社 2009 年版。

［5］《马克思恩格斯文集》（第 2 卷），人民出版社 2009 年版。

［6］《马克思恩格斯文集》（第 5 卷），人民出版社 2009 年版。

［7］《马克思恩格斯文集》（第 8 卷），人民出版社 2009 年版。

［8］《马克思恩格斯文集》（第 10 卷），人民出版社 2009 年版。

［9］《马克思恩格斯全集》（第 13 卷），人民出版社 1998 年版。

［10］《马克思恩格斯全集》（第 16 卷），人民出版社 2003 年版。

［11］《马克思恩格斯全集》（第 26 卷），人民出版社 2014 年版。

［12］《马克思恩格斯全集》（第 31 卷），人民出版社 2003 年版。

［13］《马克思恩格斯全集》（第 42 卷），人民出版社 2003 年版。

［14］《马克思恩格斯全集》（第 44 卷），人民出版社 2001 年版。

［15］《马克思恩格斯全集》（第 46 卷），人民出版社 2003 年版。

［16］《剩余价值理论》，人民出版社 2010 年版。

［17］《列宁选集》（第 2 卷），人民出版社 2012 年版。

［18］《帝国主义是资本主义的最高阶段》，人民出版社 2015 年版。

［19］《列宁专题文集》，人民出版社 2009 年版。

［20］《邓小平文选》（第三卷），人民出版社 1993 年版。

［21］［英］洛克:《政府论》，商务印书馆 1964 年版。

［22］［匈］卢卡奇:《历史与阶级意识》，商务印书馆 2017 年版。

［23］［苏］卢森贝:《〈资本论〉注释》，三联书店 1963 年版。

［24］［日］河上肇:《"资本论" 入门》（上册），仲民译，生活·读书·新知三联书店 1959 年版。

［25］［日］柄谷行人:《跨越性批判——康德与马克思》，中央编译出版社 2011 年版。

［26］［日］栗本慎一郎:《经济人类学》，王名等译，商务印书馆 1997 年版。

［27］［法］让·鲍德里亚:《符号政治经济学批判》，夏莹译，南京大学出版社 2008 年版。

［28］［日］柄谷行人:《马克思，其可能性的中心》，中田友美译，中央编译出版社 2004 年版。

［29］［德］瓦尔特·本雅明:《巴黎，19 世纪的首都》，刘北成译，上海人民出版社 2006 年版。

［30］［日］久留间鲛造等:《资本论辞典》，薛敬孝等译，南开大学出版社 1989 年版。

［31］［英］汤姆·博托莫尔主编:《马克思主义思想辞典》，陈叔平等译，河南人民出版社 1994 年版。

［32］［英］大卫·科恩:《卡尔·马克思的历史理论——一种辩护》，高等教育出版社 2008 年版。

［33］［法］居伊·德波:《景观社会》，王昭凤译，南京大学出版社 2007 年版。

［34］［斯］齐泽克:《意识形态的崇高客体》，中央编译出版社 2014 年版。

［35］［法］让·鲍德里亚:《生产之镜》,仰海峰译,中央编译出版社 2005 年版。

［36］［法］尚·布希亚:《物体系》,林志明译,上海人民出版社 2001 年版。

［37］［法］让·鲍德里亚:《象征交换与死亡》,车槿山译,译林出版社 2006 年版。

［38］［美］海曼·明斯基:《稳定不稳定的经济:一种金融不稳定视角》,石宝峰、张慧巧译,清华大学出版社 2010 年版。

［39］［美］罗伯特·席勒:《金融与好的社会》,束宇译,中信出版社 2012 年版。

［40］［美］马克·波斯特:《第二媒介时代》,范静晔译,南京大学出版社 2005 年版。

［41］许涤新主编:《政治经济学辞典》,人民出版社 1981 年版。

［42］陈征主编:《〈资本论〉解说》(第一册),福建人民出版社 1975 年版。

［43］于光远、苏星主编:《政治经济学资本主义部分》(上册),人民出版社 1977 年版。

［44］徐禾等编:《政治经济学概论》,人民出版社 1973 年版。

［45］唐正东:《斯密到马克思》,南京大学出版社 2002 年版。

［46］夏莹:《拜物教的幽灵——当代西方马克思主义社会批判的隐形逻辑》,江苏人民出版社 2014 年版。

［47］刘召峰:《拜物教批判理论与整体马克思》,浙江大学出版社 2013 年版。

［48］宋朝龙:《社会劳动方式的二重结构》,经济管理出版社 2007 年版。

［49］李怀涛:《马克思拜物教批判理论研究》,江苏人民出版社 2017 年版。

［50］王荣：《马克思拜物教批判的哲学革命品格》，人民出版社 2018
年版。

［51］Isaak I. Rubin. *Essays on Marx's theory of value*, New York: Black Rose
Books, 1973.

二、期刊论文

［1］苗贵山：《马克思"拜物教"批判思想研究》,《中国特色社会主义研
究》2010 年第 6 期。

［2］刘召峰：《马克思拜物教批判的三重指向与历史性自觉》,《马克思主
义研究》2019 年第 4 期。

［3］仰海峰：《马克思的货币哲学》,《吉林大学社会科学学报》2018 年第
5 期。

［4］薛志贤：《"商品拜物教"揭示的是社会生产关系还是社会意识？》,
《教学与研究》1982 年第 1 期。

［5］吴茜：《西方拜物教批判理论的源流、谱系与潜能》,《国外社会科学
前沿》2019 年第 3 期。

［6］梁燕晓：《德国"新马克思阅读"运动的商品拜物教新释——兼评
西方马克思主义的两种解读路径》,《东北大学学报（社会科学版）》
2019 年第 6 期。

［7］仰海峰：《商品拜物教：从日常生活到形而上学》,《马克思主义与现
实》2014 年第 2 期。

［8］鲍金：《拜物教为什么是"客观的思维形式"？——抽象视阈中的马克思
拜物教批判再阐释》,《马克思主义与现实》2013 年第 6 期。

［9］韩许高、刘怀玉：《Fetishisms：是拜物教，还是物神化？》,《现代哲
学》2016 年第 3 期。

［10］聂海杰：《商品拜物教：价值关系的矛盾本性及其颠倒幻象》，《昆明理工大学学报（社会科学版）》2014 年第 4 期。

［11］陈秋蓉：《马克思的货币拜物教学说》，《江淮论坛》1989 年第 1 期。

［12］吴琼：《拜物教／恋物癖：一个概念的谱系学考察》，《马克思主义与现实》2014 年第 3 期。

［13］李济广：《不要滥用"拜金主义"和商品拜物教的概念》，《理论前沿》1994 年第 6 期。

［14］张有奎：《拜物教之"物"的分析》，《现代哲学》2015 年第 3 期。

［15］李健英：《试评"商品拜物教"问题上的一点误解——〈资本论〉学习札记》，《华南师范大学学报（社会科学版）》1990 年第 4 期。

［16］刘召峰：《马克思的拜物教概念考辨》，《南京大学学报（哲学·人文科学·社会科学）》2012 年第 1 期。

［17］吴永辉：《马克思的资本拜物教批判理论研究》，《长春工业大学学报（社会科学版）》2014 年第 4 期。

［18］韩立新：《异化、物象化、拜物教和物化》，《马克思主义与现实》2014 年第 2 期。

［19］李云晋：《试论社会主义条件下的商品拜物教》，《经济问题》1983 年第 1 期。

［20］安月兴、蔡志荣：《社会主义市场经济中的商品拜物教》，《华北电力大学学报（社会科学版）》2001 年第 3 期。

［21］侯征：《社会主义社会的商品拜物教和我国的经济改革》，《陕西师大学报（哲学社会科学版）》1989 年第 2 期。

［22］赵广山：《马克思商品拜物教理论及其对发展社会主义市场经济的意义》，《经济评论》1996 年第 3 期。

［23］徐茂魁、杨达伟：《社会主义建设要利用商品拜物教吗？——与李云

晋同志商榷》,《经济理论与经济管理》1983 年第 5 期。

[24] 杨娟:《虚拟资本拜物教批判的时代意义及其进路——马克思主义政治经济学批判的当代追问》,《内蒙古社会科学》2019 年第 1 期。

[25] 康翟、刘曦:《〈资本论〉视阈中的当代金融资本崛起及其根源》,《世界哲学》2020 年第 3 期。

[26] 李瑞德:《资本拜物教与资本主义经济金融化》,《当代经济研究》2015 年第 7 期。

[27] 林锋:《如何科学界定马克思早期六部著作的历史地位——一条循序渐进的方法论思路》,《中共中央党校学报》2000 年第 6 期。

[28] 李淑梅:《人类解放:消除对政治国家、宗教和金钱的崇拜——读马克思的〈论犹太人问题〉》,《学习与探索》2010 年第 4 期。

[29] 孙熙国、尉浩:《论马克思异化劳动理论与资本批判理论的统一——〈1844 年经济学哲学手稿〉与〈资本论〉比较研究》,《中国高校社会科学》2014 年第 4 期。

[30] 毛加兴:《马克思的私有财产批判及其人本经济学的建构理路——〈1844 年经济学哲学手稿〉的政治经济学革命》,《北京行政学院学报》2018 年第 4 期。

[31] 李鹏、姜海波:《〈1844 年经济学哲学手稿〉中劳动概念辨析》,《哈尔滨学院学报》2014 年第 11 期。

[32] 刁志萍:《幸福消费的实质与异化及其救赎路径》,《新视野》2012 年第 5 期。

[33] 李景鹏:《再论社会利益结构的变化与政治发展》,《天津社会科学》1999 年第 1 期。

[34] 徐雪闪、朱炳元、李庆:《〈资本论〉价值形式理论的方法论特点》,《海派经济学》2019 年第 1 期。

[35] 王晓升:《巴黎"现代性的迷宫"——本雅明对拜物教的批判》,《马

克思主义与现实》2018 年第 3 期。

［36］夏莹：《马克思拜物教理论的双重内涵及其在西方马克思主义中的演化路径》，《马克思主义与现实》2014 年第 2 期。

［37］张双利：《资本主义宗教与历史唯物主义——论马克思主义拜物教批判思想在 20 世纪的复兴》，《世界哲学》2012 年第 6 期。

［38］王南湜：《〈资本论〉物象化论解读的贡献与缺憾》，《武汉大学学报（哲学社会科学版）》2018 年第 5 期。

［39］李怀涛：《物化批判：卢卡奇对马克思拜物教批判的解读》，《广西社会科学》2010 年第 12 期。

［40］安启念：《卢卡奇马克思主义方法论解读评析》，《马克思主义与现实》2020 年第 2 期。

［41］衣俊卿：《异化理论、物化理论、技术理性批判—— 20 世纪文化批判理论的一种演进思路》，《哲学研究》1997 年第 8 期。

［42］张一兵：《物的差异性操持方式中的表意符号编码——鲍德里亚〈符号政治经济学批判〉解读》，《广东社会科学》2009 年第 5 期。

［43］［美］道格拉斯·凯尔纳：《鲍德里亚：一个千禧年的跨学科思想家》，《南京社会科学》2008 年第 8 期。

［44］徐琴：《鲍德里亚消费社会理论的意义与局限》，《哲学研究》2009 年第 5 期。

［45］谢静：《论鲁宾对马克思政治经济学批判的理论贡献》，《学术交流》2017 年第 1 期。

［46］周嘉昕：《价值形式辩证法讨论的贡献与困境——从巴克豪斯〈价值形式的辩证法〉出发的批判性反思》，《中国高校社会科学》2020 年第 6 期。

［47］李乾坤：《对〈资本论〉价值形式理论的三种哲学阐释》，《江西社会科学》2019 年第 2 期。

［48］李乾坤：《历史的还是逻辑的？——价值形式分析的两个不同阐释方向》，《当代国外马克思主义评论》2017年第2期。

［49］宋朝龙：《美国政治气候变迁的深层原因》，《前线》2019年第2期。

［50］李淑梅：《论马克思自由平等观的变革》，《教学与研究》2008年第6期。

［51］宋朝龙：《全球化转向时代社会主义市场经济对新自由主义的制度竞争力——第二届世界马克思主义大会"经济学"专题评析》，《海派经济学》2018年第4期。

［52］景玉琴、吴金燕：《商品拜物教的历史唯物主义解析》，《改革与战略》2020年第7期。

［53］［德］汉斯－格奥尔格·巴克豪斯：《新马克思阅读的开端》，李乾坤译，《哲学基础理论研究》2016年第2期。

［54］魏传光：《马克思拜物教批判语境中的正义思想》，《暨南学报（哲学社会科学版）》2021年第1期。

［55］张敦福：《商品拜物教——一个跨学科理论话语的应用与误用》，《社会科学》2020年第12期。

［56］杨晓芳：《马克思商品拜物教批判的思想逻辑》，《桂海论丛》2020年第4期。

［57］胡潇：《货币拜物教的价值论解析——基于马克思拜物教批判的理念》，《天津社会科学》2020年第9期。

［58］刘同舫：《象征交换——鲍德里亚超越符号消费社会的解放策略》，《广东社会科学》2016年第4期。

［59］杨淑静：《商品问题与〈资本论〉解读史上的三段公案》，《哲学研究》2018年第11期。

［60］汪行福：《从商品拜物教到犬儒主义——齐泽克意识形态论研究》，《马克思主义与现实》2007年第3期。

［61］王国坛、郭斯文：《马克思对商品拜物教的批判》，《辽宁省社会主义学院学报》2019 年第 3 期。

［62］肖炜静：《Fetishism：幻象的替代性占有与无止境追寻——"拜物教""恋物癖"学理关系考察》，《湖北大学学报（哲学社会科学版）》2018 年第 6 期。

［63］张衔：《詹姆逊重读〈资本论〉导读》，《世界社会主义研究》2017 年第 3 期。

［64］社评：《金融点亮产业革命》，《中国经济和信息化》2013 年第 11 期。

［65］Marcello Musto, "Revisiting Marx Concept of Alienation", *Socialism & Democracy*, 2010（11）.

三、学位论文

［1］雪婷：《消解人在"非神圣形象"中的自我异化——马克思货币批判研究》，吉林大学 2015 年博士学位论文。

［2］李瑞德：《马克思拜物教批判理论的当代审视》，福建师范大学 2016 年博士学位论文。

［3］刘建卓：《历史的内涵逻辑——〈资本论〉的辩证法》，吉林大学 2016 年博士学位论文。

［4］王荣：《从拜物教批判看〈资本论〉的存在论》，吉林大学 2017 年博士学位论文。

［5］汪洋：《虚拟经济视角下金融危机研究》，武汉大学 2010 年博士学位论文。

［6］李乾坤：《马克思的物化和事物化概念》，南京大学 2013 年硕士学位论文。

四、报纸文章

孙亮:《在拜物教批判语境中拓展马克思政治哲学》,《社会科学报》2020年11月5日。

后　记

对于马克思拜物教批判的理论地位，列宁和卢卡奇都给予了极高评价。列宁曾说，"凡是资产阶级经济学家看到物与物之间的关系（商品交换商品）的地方，马克思都揭示了人与人之间的关系"。而卢卡奇则认为，马克思拜物教批判理论"隐含着全部历史唯物主义，隐含着无产阶级的全部自我认识，也就是对资本主义社会的认识"。然而，除了《资本论》在"商品拜物教的性质及其秘密"一节中对商品拜物教进行集中阐发外，马克思对拜物教问题并没有集中、系统的论述。马克思拜物教概念的实质究竟是什么，列宁和卢卡奇为何对拜物教理论作出如此高度的评价？它和拜金主义、消费异化等概念有何不同？这一理论是如何生发和一步步形成的？马克思批判的逻辑进路如何？其理论性质是一种主观观念还是一种客观事实？后人对拜物教批判理论展开了哪些再阐释？其最高发展形式是什么？这对现实有何种指导意义？……对上述问题的好奇与困惑，使笔者走进马克思的经典文本，尝试窥探马克思拜物教批判理论的实质。

通过对马克思拜物教批判理论的学界研究现状、历史演进路径、理论逻辑进路、现实启示等问题的研究，笔者发现，目前学界对马克思拜物教批判理论实质的理解可概括为"社会关系物化说"，即认为马克思拜物教批判的实质是对商品、货币、资本等"物"背后掩盖的人与人社会关系的颠倒这一客观事实的批判。应该承认，"社会关系物化说"认识到拜物教并非人们的主观错误认识，而是马克思对客观社会关系的揭示，这极大推进了对拜物教批判理论的认识。但是，还需要进一步思考两个问题：第一，"关系"还是一个不够具体的概念，因此，"人与人的社会关系"的内容究竟是什么，还需进一步探究和阐发；第二，人与人的社会关系为何必然被颠倒地表现为"物"的关系，换言之，它发生的逻辑进路是什么？如果不能清晰回答上述两个问题，很难对马克思的商品拜物教批判理论形成完整、准确的认识。因此，有必要对马克思商品拜物教批判的逻辑理路进行梳理，以阐发理论实质，从而廓清认识误区，进一步挖掘其内蕴的方法论价值。据此，笔者试图在本书剖析马克思拜物教批判理论的历史演化过程，梳理其逻辑进路，对马克思之后就拜物教批判理论的再阐释进行述评，同时思考马克思拜物教批判理论的当代启示等问题，以阐发马克思拜物教批判的理论实质，进一步挖掘拜物教批判内蕴的理论价值。

对马克思拜物教批判理论形成过程的分析可知，马克思的拜物教批判应置于马克思对财产权的持续批判这一理论线索之中才能得到系统理解。正是通过对私有财产"神秘性质"的剖析，马克思逐步拨开了其"物"的神秘面纱，从而认识了资本主义社会中的私有财产的实质，并形成了科学的拜物教批判理论。由此可知，拜物教批判理论是马克思进行财产权批判的系统化和逻辑化阐释，故马克思拜物教批判理论应被置于"马克思的财产权批判"这一核心线索中，才能得到完整理解。

此外，对马克思拜物教批判理论形成过程的分析可知，马克思的拜物教批判应置于马克思对财产权的持续批判这一理论线索之中才能得到系统理解。正是通过对私有财产"神秘性质"的剖析，马克思逐步拨开了其"物"的神秘面纱，从而认识了资本主义社会中的私有财产的实质，并形成了科学的拜物教批判理论。由此可知，拜物教批判理论是马克思进行财产权批判的系统化和逻辑化阐释，故马克思拜物教批判理论应被置于"马克思的财产权批判"这一核心线索中，才能得到完整理解。

通过梳理马克思对商品、货币、资本的客观物化性质的揭示和对拜物教主观观念的批判，本书呈现了马克思拜物教批判理论的二重维度，即对"颠倒的世界"的揭示和"错位的观念"的批判。

一方面，拜物教批判的第一重含义，是对商品、货币、资本的物化性质的批判，这是马克思批判资本主义生产方式的一把"此岸的钥匙"，由此揭示了资本主义生产方式的客观物化性质。即：在一定历史阶段的劳动方式下，物的关系掩盖了人的关系，进而导致物支配人。这构成马克思政治经济学研究的显性逻辑。具体而言，商品和货币作为特定历史阶段下劳动方式矛盾的产物，其承载的社会性劳动这一人与人的社会关系，最终必然通过其表现为一对象物的使用价值的"物"属性才能实现，因而马克思的拜物教批判是对"人与人的社会关系表现为'物'"这种客观性质的指认。资本总公式的矛盾使得剩余价值的剥削本质表现为资本自行增殖的能力，并因劳动对资本的形式从属与实际从属的区分加深了资本拜物教，进而在"工资"上遮蔽住资本与劳动的关系。随后，剩余价值在流通中的实现与转化进一步加剧了资本拜物教的深化。最后，剩余价值的分割过程实现了资本拜物教的充分发展，并在生息资本上形成资本拜物教"最耀眼的形式"。由此，马克思准确、深刻、完整地呈现了资本主义生产方式的特征，揭示了被假象所遮蔽的资本主义生产关系的本质，解开了资本的拜物教性质的秘密——拜物教性质是资本主义生产方式导致的"社会关系被'物'所遮蔽"这一客观事实的剖析和揭示。

另一方面，拜物教批判的第二重含义是被前述"物"的表面迷惑而看不到其本质，由此导致的主观错误拜物教观念。商品、货币、资本拜物教性质可看作是对真实事物的歪曲反映，即一种假象。如果未能识别出这种假象，被"物"的表面所迷惑而看不到其本质，则会对拜物教性质产生误认，即拜物教观念。而导致其产生的根源是历史唯物主义方法论的缺失。换言之，马克思拜物教批判理论是运用历史唯物主义方法论所得的科学理论成果。

从马克思对拜物教概念的两重含义的阐发可知，马克思拜物教批判的理论实质不同于"消费异化""拜金主义"等概念，它本质上是马克思站在历史唯物主义的高度，对资本主义客观生产方式的指认与批判，由此，马克思阐发了一种客观存在的假象，即"人与人的社会生产关系必然歪曲表现为商品、货币、资本的物的关系"的资本主义生产方式的本质特征，进而实现了对资本主义社会釜底抽薪式的全面批判。因此，必须把它与拜金主义、消费异化等概念严格区分开来，如此才能完整准确地凸显出马克思拜物教批判的方法论价值和理论意义。

基于历史唯物主义的方法论指引，本书对拜物教批判理论的再阐释路径进行重新审视。通过对拜物教批判理论发展的两条主要路径，即人本主义路径和价值形式路径的剖析表明，必须对拜物教批判的再阐释路径的贡献与局限进行客观、辩证的审视，清晰地认识其较之于马克思拜物教批判理论的创新与局限，这样才能真正将理论运用于不断变化着的现实世界，亦在时代发展中推动拜物教批判理论不断创新。

依循历史唯物主义方法论来进一步审视拜物教批判理论可知，拜物教批判理论的最高发展形式为金融资本拜物教。金融资本自身的逻辑悖论决定了需要对它辩证审视。在现有生产力水平之下，应立足中国特色社会主义实践，充分利用社会主义市场经济体制的优势，发挥金融资本的生产性积累逻辑、遏制其非生产性积累逻辑，为从根本上摆脱人对物的依赖阶段，最终彻底消灭拜物教奠定坚实基础。

作为中国式现代化的中国特色与本质要求之一，物质文明和精神文明相协调是中国式现代化超越西方现代化的重要特征。由此，如何解决西方经济学在资本逻辑宰制下出现的"人文缺失"和"人文悖论"及其导致的"人文危机"等一系列根本弊端，便成为一个亟待回应和解决的理论与现实问题。这就呼唤在"人民至上"原则引领下具有"人文回归""人文逻辑"内在禀赋的经济学表达。

另一方面，依循马克思的拜物教批判的理论路径可知，"人文经济学"是在唯物史观科学指导下，为解决资本主义生产方式基于资本逻辑而出现"资本至上""以物为本"等系列弊病而提出的中国方案，是中国式现代化的经济学话语表达。马克思通过剖析资本主义生产方式，指出其特征是以物的依赖性为基础的人的独立性，即资本是主体，人是客体，这一生产方式下，生产围绕着物而不是人展开。主体化资本对人的身心实行全面控制的必然结果，由此导致资产阶级经济学是基于异化需要、追求异化财富的经济学。与之相对，人文经济学是对资本主义"供给—需求"经济学的扬弃，是"生产—需要"经济学。具体而言，人文经济学变"资本逻辑"为"人文逻辑"，把异化的财富、异化的需要，变成人的财富、人的现实需要，按剩余价值生产向价值生产复归、价值生产向使用价值生产复归、使用价值最终向人民对美好生活需要的生产复归的总体逻辑，扬弃资本主义社会在资本逻辑宰制下出现的"人文缺失"及其导致的"人文危机"，化解资本主义见物不见人、物质和精神生产不平衡的矛盾，实现对马克思拜物教批判和政治经济学批判的"守正"与"创新"，为转型时期理论创新奠定坚实基础。

尽管笔者力图通过本书对马克思拜物教批判理论及其中国实践做系统剖析，但囿于篇幅限制和笔者自身理论水平，以及拜物教批判既是复杂的理论问题，也是重大的现实问题。面对这一议题，本书难免有不尽之处，有待修改和完善。这主要表现在两方面。一方面，拜物教批判作为社会批判理论，马克思通过批判资本主义社会生产方式下人的关系被颠倒为物的关系，阐释了该生产方式的不合理性，并从逻辑上指出其扬弃路径。但是对于具体的扬弃路径，本书涉及较少，未来将适当增加科学社会主义维度的研究，即对拜物教批判与无产阶级革命、人类解放、共产主义实现等问题，展开深入论述。另一方面，在人文经济学如何实现对马克思拜物教批判、政治经济学批判的守正与创新问题上，还有待展开研究。未来笔者将努力对上述提及的地方进行修正完善。